L'ÉCONOMIE
À VENIR

Gaël Giraud et Felwine Sarr

L'ÉCONOMIE À VENIR

Préface d'Alain Supiot

Éditions Les Liens qui Libèrent

ISBN : 979-10-209-0979-4

Préface

par Alain Supiot

On peut avoir remarqué, dans les disputes et les conversations, ce qui arrive aux gens dont l'esprit est dur et difficile : comme ils ne combattent pas pour s'aider les uns les autres, mais pour se jeter à terre, ils s'éloignent de la vérité, non pas à proportion de la grandeur ou de la petitesse de leur esprit, mais de la bizarrerie ou de l'inflexibilité plus ou moins grande de leur caractère. Le contraire arrive à ceux à qui la nature ou l'éducation a donné de la douceur : comme leurs disputes sont des secours mutuels, qu'ils concourent au même objet, qu'ils ne pensent différemment que pour parvenir à penser de même, ils trouvent leur vérité à proportion de leurs lumières : c'est la récompense d'un bon naturel.

Montesquieu,
Défense de l'Esprit des Lois

Comme celui des marins ou des charpentiers, le travail des chercheurs a ses produits, qui marquent l'achèvement d'une tâche déterminée et leur contribution à l'utilité commune. Certains de ces produits sont des prestations orales, tels que les cours ou les conférences ; d'autres sont des écrits qui s'incorporent à des biens matériels sous forme de livres ou d'articles. La frontière entre ces deux catégories s'estompe du reste de nos jours avec le recours grandissant aux enregistrements des communications orales. Mais dans tous les cas, il s'agit de produits *finis*, dont les difficultés de réalisation peuvent être ignorées de leurs destinataires, de même que les tempêtes traversées par les marins ou les chutes auxquelles s'exposent les charpentiers.

Cette ignorance est particulièrement répandue dans les milieux dirigeants de notre pays, formés pour la plupart, non à l'université, mais dans de grandes écoles où ils ont appris à apporter des réponses plutôt qu'à se poser des questions. Faute d'avoir été formés à et par la recherche, ils n'ont aucune expérience des conditions d'éclosion de connaissances nouvelles. Aussi n'ont-ils pas hésité à étendre aux institutions scientifiques les recettes du *New Public Management*, c'est-à-dire à les soumettre aux méthodes de direction par objectifs et d'évaluation par indicateurs en vogue dans les entreprises privées. Les savants, qui avaient échappé à la taylorisation de leur travail lors de la seconde révolution industrielle, sont ainsi devenus des cibles privilégiées de la gouvernance par les nombres.

L'organisation de leur travail est conçue sur le modèle d'un distributeur de boissons, où le financeur pourrait obtenir le *deliverable* de son choix après y avoir introduit un *credit* et appuyé sur un bouton nommé *programme*. L'efficacité de la machine se mesure au montant des crédits qu'elle génère (*fund raising*) et à la quantité des *deliverables* écoulés sur le « marché » des produits de la recherche. Le mode d'emploi de la machine n'existe que dans une seule langue – l'anglais. Un projet de recherche sur l'histoire, la littérature ou le droit allemand, français ou japonais doit être rédigé en anglais, faisant ainsi comprendre à son auteur qu'il pourra être jugé par des « pairs » incapables de lire une ligne d'allemand, français ou japonais et prendre connaissance de ses publications antérieures dans ces différentes langues. Le programme de la machine est conçu pour obtenir des produits qui répondent à la demande exprimée par des

« appels d'offre », c'est-à-dire à des questions passées (et parfois dépassées). Aucune commande de la machine n'est prévue pour obtenir des réponses imprévues à des questions inédites. Par nature improgrammables, ces recherches sont pourtant celles qui contribuent le plus sûrement au progrès des connaissances et préparent le mieux aux évènements imprévus dont l'histoire est tissée.

Le travail de recherche se trouve ainsi soumis à l'équivalent de ce qu'ont été les politiques d'industrialisation de l'agriculture dans l'après-guerre : monoculture (hyperspécialisation), *open field* (arasement de la diversité des écosystèmes), évaluation par des indicateurs du type du rendement à l'hectare (*fund raising, bibliometrics*) qui conduisent à la stérilisation des sols et à la production de fruits de plus en plus insipides[1]. Le naufrage français dans la course aux vaccins contre la pandémie de Covid-19 illustre les impasses de cette politique. La France n'a pas toutefois le monopole de ces errements managériaux. Aux États-Unis, les mathématiciens Stuart et David Geman ont dressé un bilan alarmant

1. Cf. Giuseppe Longo. *Science, Problem Solving and Bibliometrics*. Academia European Conference on Use and Abuse of Bibliometrics, Stockholm, May 2013.

des effets désastreux de cette gouvernance de la recherche par les nombres : les vraies découvertes scientifiques se raréfient et les progrès techniques les plus récents mettent pour la plupart en œuvre des percées conceptuelles intervenues dans la période historique précédente[1].

Nous ne manquons pourtant pas d'excellents travaux d'histoire et de sociologie des sciences pour saisir, en amont de la livraison des « produits de la recherche », les conditions très particulières qui président à leur conception et leur gestation. Dans un livre aussi érudit que passionnant, Françoise Waquet a ainsi mis en lumière le rôle crucial que l'oralité continue de jouer dans le monde savant, depuis l'invention de l'imprimerie jusqu'à nos jours[2]. Ce rôle, dont on sait l'importance décisive dans la philosophie grecque ou africaine[3], est

1. Donald Geman and Stuart Geman, *Science in the age of selfies*, PNAS (Proceedings of the National Academy of Sciences of the USA), August 23, 2016.

2. Françoise Waquet, *Parler comme un livre : L'Oralité et le Savoir (xvie-xxe siècle)*, éd. Albin Michel, 2003.

3. Sur la fécondité de ce rapprochement, voir les travaux conduits par Marcel Detienne sur les « assemblées de paroles » : *Comparer l'incomparable*, éd. Seuil, 2000 ; *Qui veut prendre la parole ?*, éd. Seuil, 2003.

aujourd'hui méconnu, car ce sont les écrits publiés par les chercheurs dans des revues à comité de lecture qui président à leur évaluation (*publish or perish*). L'oralité serait la marque d'un stade primitif de la curiosité et de la connaissance humaine : tolérable lorsqu'elle est programmée pour déboucher sur des publications, mais vite assimilée à du bavardage improductif dans le cas contraire. En même temps qu'elle pousse à la publication et à la course aux financements, la gestion managériale du travail de recherche n'accorde aucune place à ce qu'on nomme aujourd'hui la « sérendipité », à ce libre échange des idées, d'où jaillissent des idées nouvelles. Les universitaires se réunissent encore — en personne ou en ligne — pour se disputer les cours, les crédits ou les recrutements, ou bien pour tenir des colloques ou des séminaires selon un programme prédéterminé. Mais leurs occasions de divaguer de concert sur les idées qu'ils ont en tête se limitent souvent aux rencontres devant les machines à café tantôt évoquées. Dans le régime déterministe et productiviste qui gouverne aujourd'hui les institutions scientifiques, des conversations de ce genre sont considérées comme du temps perdu, qui distrait fâcheusement les têtes chercheuses de l'accomplissement des programmes qui leur sont assignés. Ces discussions informelles sont à la vie scientifique l'équivalent de l'ADN non codant, où ce même esprit déterministe a vu pendant longtemps un « ADN poubelle », dont on pouvait négliger l'existence, alors même qu'il représente 98 % du génome humain ! Elles sont le creuset où germe l'inédit et l'inattendu, creuset d'autant plus fécond qu'il implique des savants de disciplines et d'horizons différents, animés par la seule curiosité intellectuelle.

L'un des premiers à avoir compris l'apparent paradoxe qui fait naître les découvertes les plus utiles d'un travail animé par la seule curiosité et sans souci d'utilité, fut Abraham Flexner, le fondateur en 1930 de l'Institut d'étude avancée de Princeton. Flexner a exposé sa philosophie de la recherche dans un essai au titre explicite : « De l'utilité des savoirs inutiles »[1]. La réussite éclatante de celui de Princeton a inspiré aux États-Unis et en Europe la création d'autres instituts d'étude avancée. À rebours de la « programmation de la recherche », ils donnent à des chercheurs reconnus

1. Abraham Flexner, *The Usefulness of Useless Knowledge* (1939), with an Essay by Robbert Dijkgraaf, Princeton University Press, 2017.

les moyens de mener à bien un projet qui leur est propre, au sein d'une communauté de travail où ils se trouvent confrontés à d'autres façons de penser que les leurs. Jouissant d'une large autonomie, ces instituts sont des lieux de pollinisation des savoirs et des pépinières de réseaux internationaux entre des chercheurs d'horizons différents qui peuvent y tisser des liens personnels durables.

L'organisation centralisée de la recherche française n'est pas favorable à ce modèle. C'est à l'initiative privée de Léon Motchane, industriel d'origine russe passionné de mathématiques et de physique théorique, que l'on doit la fondation en 1958, avec le soutien de Robert Oppenheimer, de l'Institut des Hautes Études Scientifique de Bures-sur-Yvette, devenu l'un des plus hauts lieux de la recherche dans ces disciplines. En 1999, le Conseil national du développement des sciences humaines et sociales préconisa de créer à cette fin un Institut de ce type[1]. La première initiative en ce sens fut prise à Nantes, bientôt suivie par d'autres projets à Paris, Lyon et

1. Cf. Conseil national du développement des sciences humaines et sociales, *Pour une politique des sciences de l'homme et de la société*, éd. PUF, coll. « Quadrige », 2001.

Marseille. L'État finança en 2007 le lancement à titre expérimental de ces quatre instituts, avec la promesse de soutenir durablement celui ou ceux qui auraient fait leurs preuves au bout de 10 ans. Nul doute que celui de Nantes ait tenu ses promesses, si l'on en juge à la reconnaissance qu'il a rapidement acquise parmi les instituts d'études avancées les plus renommés dans le monde. L'État en revanche n'a pas tenu les siennes à ce jour, ce qui fait peser de lourdes incertitudes sur sa survie à court terme.

Son rayonnement doit beaucoup aux choix de politique scientifique qui ont présidé à sa création et dont il faut dire quelques mots pour saisir le contexte de la conversation entre Gaël Giraud et Felwine Sarr. Nantes, qui n'eut jamais d'autre arrière-pays que l'Atlantique[1], venait de faire l'anamnèse de son passé négrier lorsque sous l'impulsion de son maire, Jean-Marc Ayrault, furent posés en 2003 les premiers jalons de la création d'un Institut d'études avancées, destiné à promouvoir une ouverture au monde qui soit conçue pour le meilleur et non plus pour le pire. Cette dernière décennie a confirmé l'urgence et le bien-fondé d'une telle ambition. Comme jamais dans l'histoire, les États et les entreprises se

1. Cf. Julien Gracq, *La forme d'une ville*, éd. J. Corti, 1985.

trouvent aujourd'hui confrontés à la diversité et à la complexité des civilisations. Ceci est vrai aussi bien à l'échelle nationale (où le « creuset français » fait face au défi de nouvelles formes de migration des hommes et des idées), qu'à l'échelle européenne (où réapparaissent les vieilles fractures religieuses, juridiques et culturelles entre Occident et Orient, pays nordiques et pays latins, pays continentaux et britanniques, etc.), ou à l'échelle internationale, avec la montée en puissance des pays émergents mais de vieille culture, comme la Chine ou l'Inde, sans parler des guerres multiples qui déchirent des pays de civilisation musulmane dont on méconnaît à tort l'extrême diversité des histoires et des cultures. On ne pourra conjurer les forces centrifuges ainsi entrainées par la *globalisation*, dernier avatar du messianisme occidental, sans se donner les moyens de penser les conditions d'une véritable *mondialisation*, qui tienne compte à la fois de la diversité et de l'interdépendance objective de tous les pays du monde face aux défis écologiques, sanitaires, technologiques ou sociaux[1]. Dans cette perspective de mondialisation, la diversité des langues

---

1. Cf. sur cette distinction les travaux réunis in A. Supiot (dir.), *Mondialisation ou globalisation ? Les leçons de Simone Weil*, éd. du Collège de France, 2019.

et des cultures n'est pas un obstacle à l'unification du monde face à ces défis, mais bien au contraire une ressource anthropologique essentielle, dont le bon usage suppose de ne céder ni à l'illusion de leur fusion dans un monde global, ni à celle des repliements identitaires.

Ainsi distinguée de la globalisation, la mondialisation suppose que les pays dits développés cessent de voir dans les pays appartenant au « reste » du monde des terrains d'observation ou des élèves. Les sciences sociales participent de la globalisation lorsque singeant les sciences exactes, elles prêtent une portée universelle et intemporelle à leurs catégories de pensée, sans prendre conscience de l'enracinement de la plupart de leurs concepts dans l'histoire et la culture occidentale. Cet universalisme en surplomb ne répond plus aux temps présents, marqués notamment par l'impasse écologique où le modèle de développement promu par les vieux pays industriels a entrainé le monde entier. Pour échapper à ce dogmatisme issu des sciences sociales, l'Institut de Nantes promeut un universalisme transversal, en plongeant les savants de tous les continents venus y passer une année académique dans un bouillon de cultures, où les projets et les façons de pensée de chacun sont exposés à ce que Montesquieu aurait nommé le « regard persan » de tous les autres.

L'objectif poursuivi à Nantes n'est donc pas « d'aider » les savants du Sud à se mettre à l'école des sciences sociales enseignées dans les pays du Nord, mais de faire participer les uns et les autres à un retour critique sur la dimension normative inhérente aux concepts sur lesquelles reposent ces sciences[1]. Voir par exemple dans la « nature » un « environnement » dont l'homme serait « maître et possesseur » est une fiction véhiculée par un concept de propriété issu du droit romain. Fiction dont la crise écologique nous fait aujourd'hui découvrir les limites et les dangers. Seule la confrontation avec d'autres façons de penser notre rapport à la Terre peut nous permettre de prendre conscience de cette fiction et de forger les concepts qu'appelle l'âge de l'Anthropocène[2]. C'est en faisant place à la diversité des systèmes de pensée et en favorisant leur

1. Cf. Pierre Legendre (dir.), *Tour du monde des concepts*, éd. Fayard, coll. « Poids et mesures du monde », 2014.

2. Cf. Danouta Liberski Bagnoud, *La souveraineté de la Terre*, éd. Fayard, coll. « Poids et mesures du monde », à paraître.

interpellation mutuelle qu'il pourra servir un « développement durable ».

De même, l'expérience a montré le bien-fondé de la priorité donnée par l'Institut de Nantes à l'étude de l'armature dogmatique des sociétés, qu'il s'agisse des langues, des religions, des institutions ou de l'esthétique. L'application aux sciences sociales du modèle des sciences de la nature a permis à bien des égards un progrès considérable des connaissances. Mais reposant lui-même sur une dichotomie sujet/objet d'origine juridique et religieuse, ce modèle conduit à considérer les êtres humains comme des insectes ou « des particules dans un champ magnétique ». La réduction de l'homme et la société à l'état d'objets quantifiables et mesurables, nourrit l'illusion qu'il serait possible de les gérer conformément à des lois immanentes révélées par la science. Or le propre des sciences humaines est d'avoir pour objet des sujets : des êtres parlant dotés d'outils. Elles doivent donc tenir compte de toutes les dimensions – langagière, technique, historique, artistique, religieuse ou politique – des systèmes symboliques dans lesquelles se déploie l'infinie diversité des trajectoires et des expériences subjectives. Loin de négliger l'apport inestimable des progrès de la biologie ou de l'informatique aux sciences sociales, l'IEA soutient des recherches en ces domaines, mais sans céder au fantasme d'une dissolution sans reste des sciences humaines dans les sciences de la nature. Comme l'a montré par exemple l'invention des lois de la perspective à la Renaissance, la science, la technique, l'esthétique et les institutions se nourrissent mutuellement car elles sont portées par un même imaginaire à une époque donnée. C'est notamment la raison pour laquelle l'accueil en résidence d'artistes à l'Institut n'est pas un élément décoratif, mais un facteur essentiel de progrès des connaissances. Les chercheurs qui ont travaillé en résidence à l'institut savent combien cette expérience a enrichi leurs travaux de perspectives et de critiques qu'ils n'auraient jamais pu rencontrer ailleurs. À s'en tenir aux seuls livres publiés, ces travaux occupent une bibliothèque entière dans l'institut. Mais il s'agit de « produits finis », en sorte que l'institut demeure une sorte de boîte noire pour ceux qui n'ont pas eu la chance d'y vivre et d'y travailler. La publication de certaines des conversations qui s'y sont tenues est destinée à entrouvrir cette boîte. Tel fut déjà l'objet du livre issu des entretiens que Perry Anderson et Suleiman Mourad y tinrent une année entière sur l'Islam[1]. Tel est aujourd'hui celui de la conversation de Felwine Sarr et Gaël Giraud, publiée aux *Liens qui Libèrent* par les soins d'Henri Trubert que je tiens à remercier ici chaleureusement.

Felwine Sarr et Gaël Giraud ont été tous deux résidents à l'institut durant l'année universitaire 2018-2019. Tous deux sont économistes, mais pas de ces économistes qui, à la façon des médecins de Molière, prescrivent partout les mêmes purges et saignées à des patients dont ils ne connaissent rien d'autre que quelques données chiffrées auxquelles ils prêtent la force d'oracles. Gaël Giraud et Felwine Sarr s'inscrivent au contraire dans la grande tradition d'économie politique qui, d'Adam Smith à Amartya Sen, en passant par Marx, Veblen, Weber, Polanyi ou Keynes, n'a jamais cru que la création et la répartition des richesses obéissaient à des lois universelles et intemporelles du type de celles de la physique, mais considère au contraire l'économie comme indissolublement liée à des questions de politique, de morale, d'histoire, de géographie, de droit ou de religion. Faire abstraction de ces liens ne procède

1. Suleiman Mourad, *La mosaïque de l'islam. Entretien sur le Coran et le djihadisme avec Perry Anderson*, éd. Fayard, coll. « Poids et mesures du monde », 2016.

pas de la science, mais d'une idéologie qui a pris son essor dans l'Europe du XVIIIe siècle[1] et devient d'autant plus intolérante qu'elle est condamnée à se heurter de plus en plus durement au réel. Face aux sombres perspectives ouvertes par la pandémie de Covid-19, nous avons plus que jamais besoin d'échapper à cet économisme dogmatique et de renouer avec une science économique digne de ce nom. Ce chemin est celui qu'empruntent Gaël Giraud et Felwine Sarr dans cet entretien nourri de leur grande érudition, de leur sensibilité artistique et de leurs expériences différentes et contrastées. Leurs convergences n'en sont que plus remarquables même si le lecteur, sensible à leur liberté de ton, se surprendra comme moi-même à vouloir à son tour entrer dans la discussion pour leur porter sur certains points la contradiction. C'est le propre de la conversation d'être contagieuse lorsqu'elle ne vise pas à « jeter l'autre à terre », mais à « penser différemment pour parvenir à penser de même ».

Alain Supiot
6 mars 2021

1. Cf. Louis Dumont, *Homo aequalis I. Genèse et épanouissement de l'idéologie économique*, éd. Gallimard, 1977.

L'entretien qui suit a eu lieu à l'Institut des études avancées de Nantes, en juin 2019. Il a été retranscrit par les équipes de l'Institut. Les circonstances sanitaires ont retardé sa publication. En janvier 2021 les deux auteurs ont choisi de reprendre brièvement leur discussion, à la lumière d'une année de pandémie.

Merci à l'Agence Française de Développement pour son soutien, ainsi qu'a l'IEA pour son *hospitalité*.

Gaël Giraud et Felwine Sarr

1
HÉRITER DE LA MODERNITÉ

Gaël Giraud – Bonjour Felwine.

Felwine Sarr – Bonjour Gaël.

GG – La première question que j'ai envie d'aborder avec toi est celle de nos rapports respectifs à l'héritage de la Modernité occidentale. Quelles ressources recèle-t-il pour nous ? Quels poisons éventuels dissimule-t-il ? Ces questions portent sur la manière dont ce legs est trahi et sur la façon dont nous pourrions aujourd'hui nous en saisir, le traverser, le dépasser, le subvertir. Comment te positionnes-tu sur ces aspects de la Modernité ?

FS – Ma première entrée serait peut-être la critique qu'Habermas[1] a faite de la Modernité occidentale comme étant un projet inachevé. Au XVIIIe siècle, on décide quelque part en Occident de placer la Raison comme le principe organisateur de la vie sociétale en lieu et place des dieux, des ancêtres et de la tradition. Mettre ainsi la Raison au centre de tout a amené de nombreuses avancées en termes de modernisation sociétale, de libertés publiques, d'organisation efficiente des sociétés. Mais devenue instrumentale, et surtout devenue l'unique critère de choix, elle entraîne des dérives. Aussi, après la Grande Dépression, les deux guerres mondiales, Auschwitz, le goulag, la foi en un avenir porteur de progrès s'est affaissée. Et on se rend compte que cette modernité-là a ouvert un espace de surgissement de possibles qui peuvent être antagoniques ; que les lumières qu'elle apporte ont leurs propres ombres. On ne croit plus en la promesse d'un progrès linéaire de l'histoire humaine, ou plus autant. Et on prend conscience que l'on doit désormais faire face à des risques – des risques écologiques, sanitaires,

1. Notamment dans *Le Discours philosophique de la Modernité*, éd. Gallimard, 2011.

des risques divers – et qu'il y a une sorte de déséquilibre entre d'un côté la puissance d'agir des sociétés humaines, des hommes et des femmes, et de l'autre l'éthique qui donne sens à l'action, qui l'oriente, qui la contrôle, et qui doit la mettre au service de ce qu'on pourrait considérer comme un bien-être global des uns et des autres. Par ailleurs, cette Modernité est remplacée par un régime d'historicité qu'on a nommé la postmodernité et qui est caractérisé par une dissolution de tous les repères traditionnels : la famille, les pratiques sociales autorégulatrices, etc. Ceci a également conduit en Occident à un rapport au temps définit par une hypertrophie du présent, que l'historien François Hartog appelle le présentisme, produisant un homme-instant, surpondérant le présent relativement aux autres modalités du temps (le passé et le futur).

Cet homme-instant, qui ne peut être qu'autoréférentiel, souffre d'une terrible fragilité psychologique. La postmodernité est devenue un temps marqué par un futur sans promesse. Si ce n'est celui d'éviter les catastrophes multiples qu'il annonce (crise écologique, déliaison des sociétés, catastrophes sanitaires, insécurités croissantes). Et l'on se retrouve dans un temps dans lequel on a des difficultés à envisager des téléologies ou des téléonomies[1] nouvelles, puisque désormais, cette espérance ou cette foi dans le progrès fait défaut.

Pourtant, les groupes humains et les sociétés ont besoin d'investir le temps présent et le temps à venir d'aspirations bien spécifiques pour conduire la marche des sociétés. Voilà l'une des impasses nous empêchant d'avancer. Nous manquons d'un grand projet. Un grand projet qui offre des fins universalisables qui peuvent engager les uns et les autres dans une construction sociétale positivement qualifiée. J'ajouterais aussi à cela que nous faisons face à une déconsidération des utopies depuis que de grands récits, comme le communisme ou les socialismes, qui promettaient l'avènement d'une société nouvelle ou d'un temps nouveau, se sont effondrés et ont été générateurs d'entropies dont nous avons pu faire l'expérience malheureuse. Les seules anticipations qui semblent encore enthousiasmer sont celles d'un futur technologique ou d'un posthumanisme.

1. La téléologie est l'étude des finalités et la téléonomie en examine les lois.

GG – Ce que tu dis me fait penser à la thèse très intéressante et évocatrice d'un Indien qui vit à Londres, Pankaj Mishra, auteur de *The Age of Anger,* traduit en français en 2019[1]. Il postule qu'une unité profonde lie le ressentiment de l'électeur blanc et pauvre de la *Rust Belt*[2] qui vote Trump, celui du Français qui vote Le Pen – et les premiers sondages à propos de 2022 suggèrent que le Rassemblement National devrait l'emporter face à Macron ou, à tout le moins, jouer jeu égal avec la République en marche –, celui de l'Anglais de Manchester qui vote pour le Brexit, du Bavarois qui vote pour *Alternative für Deutschland,* des Européens de l'Est, Hongrois et Polonais, qui s'engagent dans des sorties de route antidémocratiques, mais aussi de jeunes Sahéliens qui s'embauchent chez Boko Haram et d'autres groupuscules rebelles, ou encore celui de ces hindous qui s'enflamment pour un fondamentalisme nationaliste, lequel menacera peut-être de dégénérer en guerre civile si

1. Pankaj Mishra, *L'Âge de la colère. Une histoire du présent,* éd. Zulma, 2019.

2. La *Rust Belt* est une région anciennement industrielle au nord-est des États-Unis. La désindustrialisation a entraîné la paupérisation de la région.

jamais Narandra Modi était réélu. Selon Mishra, à la faveur de la globalisation marchande entamée depuis une quarantaine d'années, une vision européenne des Lumières a été diffusée à l'échelle planétaire, la promesse d'une utopie partagée, ouverte sur un à-venir... On l'a propagée aux quatre coins du village-monde. Les Occidents ont donc créé une aspiration très forte qui n'était pas forcément présente dans ces milieux, aspirations à la démocratie, à l'égalité, au droit, à la *rule of law* (État de droit)... Et *concomitamment*, cette aspiration a été trahie d'une façon extrêmement violente : explosion des inégalités, déstructuration de plusieurs liens sociaux, colonisation des esprits que tu dénonces à juste titre, destruction des écoumènes de la planète (les espaces habités par les humains). De sorte que les Occidents auraient provoqué un ressentiment généralisé à l'égard de leur propre utopie. Mishra souligne que l'Europe avait déjà fait la même erreur au XIXe siècle, mais qu'alors, la diffusion de la promesse trahie, de cet idéal en quelque sorte pharmacologique était restée cantonnée au Vieux Continent – et avec elle toute la frustration qui en a résulté.

Un siècle plus tard, nous aurions répété le processus à l'échelle du monde. En un sens, si cette thèse est juste, elle nous renvoie à ce que tu disais : comment honore-t-on véritablement ce qu'il peut y avoir encore de fécond dans la promesse de l'*Aufklärung*[1] et comment traverse-t-on ou se débarrasse-t-on de la tentation d'une rationalité instrumentale au sens d'Habermas ? Nous savons depuis la première école de Francfort[2] – Adorno et Horkheimer – que la rationalité stratégique, celle qui refuse de s'interroger sur les fins ultimes de notre existence collective, est pareillement capable de conduire au goulag et à Auschwitz. Aujourd'hui, le postlibéralisme financiarisé, qui refuse lui aussi de s'interroger sur la finalité du vivre-ensemble, conduit à la destruction des services publics et à des tragédies comme celle du coronavirus. Sans même évoquer, pour l'instant, les désastres écologiques en cours.

---

1. Considéré comme l'équivalent allemand du concept des Lumières.

2. C'est au sein de l'école de Francfort que les philosophes Theodor Adorno (1903-1969) et Max Horkheimer (1895-1973) élaborent la théorie critique, qui s'intéresse à la philosophie sociale et à l'influence des structures culturelles sur les comportements individuels.

Comment surmonter cela ? Peut-être est-il temps que les peuples des Suds enseignent aux Européens comment hériter eux-mêmes de l'*Aufklärung* dont ils se croient les fils et les filles légitimes, mais qu'ils ont trahie... Qu'en penses-tu ?

FS – La thèse de Mishra présente cette idée d'utopie négative qui aurait été produite par la trahison d'une utopie positive ou qui se réclamerait comme telle. Et si on se penche sur l'histoire, il est vrai qu'au XIXe siècle, la mondialisation européenne était inégalitaire. Cinquante millions d'Européens quittent l'Europe pour aller aux États-Unis ; ils émigrent. Mais ils sont dans un monde ouvert, ils peuvent le faire. Ils peuvent traverser des frontières lorsqu'il y a de l'iniquité territoriale, ils peuvent se redéployer ailleurs, imaginer et ouvrir d'autres opportunités...

GG – On parle là des deux millions d'Irlandais qui meurent de faim et partent trouver refuge aux États-Unis pour survivre, au XIXe siècle, par exemple. Un traumatisme dont l'inconscient irlandais ne s'est peut-être toujours pas remis...

FS – Oui. Mais à présent, nous sommes dans un monde qui n'autorise plus cela, où ceux qui sont victimes d'une iniquité économique ou territoriale, d'injustices et de multiples barrières créées par un système dans lequel ils sont pris, sont de fait enfermés du dedans et du dehors. Cela signifie qu'il n'y a plus d'espace. On considère la migration comme un problème. C'est d'ailleurs bien l'expression qu'on emploie, « le problème de la migration » ! Cette capacité de se redéployer, de repeupler, de rouvrir des opportunités ailleurs, de refféconder d'autres espaces se trouve donc totalement limitée par cette Europe riche, barricadée, qui veut fermer les frontières et qui veut s'extraire d'une dynamique de l'histoire ancrée dans les grandes migrations de peuples. Le deuxième élément à prendre en compte est que – et de nombreuses traditions le présentent ainsi – les peuples du Sud doivent rappeler à l'Europe les promesses de ses Lumières…

GG – Ou lui apprendre à les honorer d'une manière nouvelle…

FS – Voilà ! Comme souvent, on localise l'idée des Lumières en Europe et on tente d'en conserver une sorte de paternité exclusive. Les autres peuvent la « reprendre » et même, ils le « doivent », alors que cette idée-là, au sens qu'on lui donne aujourd'hui, a une historicité. Elle s'est déployée à partir d'un lieu précis, qui est celui de l'Europe et de la Modernité occidentale. Mais de très nombreux régimes de sens et de significations dans d'autres cultures ont produit des idées humanistes. On peut les trouver en Inde, dans les eschatologies juives, dans les cultures négro-africaines. Et probablement dans toutes les cultures humaines, dans toutes les communautés, un invariant finit par se manifester : une aspiration à un humanisme ouvert, fécond et pluriel. Il serait sans doute bon de réactiver ces ressources dans des contextes où elles sont absolument nécessaires. Et ceux qui peuvent les porter avec le moins de préjudices éthiques pourraient précisément être ceux qui ne se sont pas rendus coupables d'impérialisme.

GG – Certainement !

FS – Ceux qui n'ont pas considéré que ces Lumières leur donnaient le droit d'aller coloniser, conquérir les autres, les soumettre. Le lieu d'où ce discours est énoncé est en réalité important.

L'une des grandes critiques que l'on peut faire aux Lumières occidentales est bien d'avoir projeté des lumières à l'intérieur de ses frontières et, dans le même mouvement, d'avoir projeté des ombres en dehors de ses frontières.

GG – C'est Victor Hugo qui, hélas, s'écrie : « l'Afrique n'a pas d'histoire ! »[1] L'Afrique doit aujourd'hui enseigner à l'Europe son histoire... Non seulement à Victor Hugo mais aussi à Hegel, bien sûr !

FS – Oui à Hegel, et à Rousseau, Rudyard Kipling... On peut les citer à l'infini.

2

HOSPITALITÉ DANS UN MONDE FINI

GG – Ce que les cultures négro-africaines et les spiritualités orientales pourraient justement enseigner aux Européens serait de devenir enfin les enfants de Kant. Parce que la planète est ronde

1. Victor Hugo, *Discours sur l'Afrique* du 18 mai 1879.

et finie, écrivait Kant[1], nous sommes en quelques sortes « condamnés » à l'hospitalité ; le cosmopolitisme doit être hospitalier. Avec cette affirmation, Kant renouait avec l'Évangile dans ce qu'il a de plus radical : le théologien Christoph Theobald n'hésite pas à faire de l'hospitalité la marque messianique par excellence. Ce qui est intéressant, avec Kant, c'est qu'il lie cette expérience messianique à la finitude de la création.

Quoi qu'il en soit, c'est cela que l'Europe ne connaît plus tant elle semble avoir cantonné l'expérience cosmopolite à une petite élite financière de nomades qui ne se reconnaît plus d'attache nationale. Cette minorité minuscule, qui passe sa vie dans les *lounges* VIP d'aéroports, rivée sur son mobile 5G, ne comprend plus ce que vivent les deux tiers d'une population ouest-européenne qui n'ont pas fait d'études supérieures généralistes. Le clivage n'est pas seulement financier, il est aussi éducatif et, finalement, culturel. Et puisque l'ascenseur social, associé à l'école de la Troisième République, est en panne depuis le milieu des années 1990, ces deux tiers de la

1. Emmanuel Kant, « De la paix perpétuelle », *Métaphysique des mœurs*, éd. Flammarion, 1994 (première édition 1795).

population supportent l'angoisse et la réalité du déclassement, les fins de mois à l'épicerie solidaire et des services de réanimation surchargés quand survient l'épidémie… en face d'une minorité de privilégiés que le tiers «éduqué supérieur» cherche par tous les moyens à imiter. Un tiers, cela fait beaucoup, comme l'a remarqué Emmanuel Todd. On peut vivre en endogamie quasi complète et, par conséquent, se rendre parfaitement ignorant de ce qu'éprouvent les 9 millions de Français et Françaises dans la pauvreté (c'est-à-dire avec moins de 60 % du revenu médian, soit environ 1000 € par mois) et tous les autres qui n'ont qu'une peur: sombrer à leur tour dans la misère. Dès lors, quand les milieux populaires descendent dans la rue, se mettent en grève ou, ce qui revient au même, votent Le Pen, la petite élite «cosmopolite» se sent fortement tentée par le syndrome de la fuite à Varennes. C'est très précisément, je crois, l'un des enjeux du dialogue entre les Gilets jaunes et les élites des centres-villes qui tiennent les rênes médiatiques, politiques et financiers.

FS – Le phénomène que tu décris me semble expliquer aussi l'«insensibilité» des 10 % les plus fortunés vis-à-vis de la condition de la majorité de la population humaine. Ou encore celle des peuples d'Euro-Amérique qui, bien que se rendant compte que quelque chose ne tourne pas rond lorsqu'ils détiennent 80 % des richesses de la planète à eux seuls, ne s'identifient fondamentalement pas aux humanités du Sud dit global, même s'il leur arrive de les prendre en pitié ou d'éprouver de la commisération, différente de la compassion ou de la confraternité. Ne généralisons pas, des êtres de bonne volonté existent partout. Cependant, les sociétés occidentales semblent avoir du mal à renoncer à un mode de vie qui dévaste la planète et dont le monde supporte le coût, mais également à établir des rapports économiques plus équitables avec le reste du monde.

GG – Ce que tu dis me fait aussi penser à la parabole des trois anneaux de Lessing, autre grand *Aufklärer* (philosophe des Lumières), qui se trouve dans *Nathan der Weise (Nathan le sage*[1]*)*. Un père, un roi, vient de mourir. Chacun de ses trois fils prétend être l'héritier légitime parce qu'il

1. Gotthold Ephraim Lessing, *Nathan le sage*, éd. Flammarion, 1997 (première édition 1779).

détient l'anneau du pouvoir. On sait donc que deux des trois anneaux sont faux, seul l'un des trois anneaux peut être authentique. Comment les départager ? Finalement, Nathan le prophète arrive et dit en substance aux trois hommes : « En fait, on ne sait pas qui est le véritable héritier, on ignore qui d'entre vous détient le véritable anneau. Mais on le découvrira dans l'épaisseur de l'histoire, à travers l'hospitalité éthique dont vous ferez preuve vis-à-vis de vos deux autres frères ». Certes, ce que Lessing a en tête au moment où il écrit, ce sont les trois religions abrahamiques qui se disputent le territoire européen et la légitimité de l'héritage d'Abraham. Mais en vérité, on pourrait dire que c'est l'héritage l'utopie démocratique et égalitariste qui se cherche un héritier. L'un des trois fils c'est l'Europe, les Europes, un autre pourrait être l'Afrique, les Afriques. Il n'y a pas trois héritiers, il y en a soixante ! *In fine*, c'est l'hospitalité éthique dont chacun sera capable de faire preuve à l'égard des autres qui prouvera qu'il est le véritable héritier de cette utopie.

FS – Je suis d'accord avec ce point parce qu'il n'est plus temps de proclamer des valeurs, mais de les incarner. C'est là le grand déficit. On a eu une Europe déclarative. Mais dès qu'il s'agit d'incarner ces propos dans la contemporanéité, dans la crise du monde que nous traversons, dans l'actualité du monde – or cette dernière est absolument brûlante : Israël, la Palestine, l'ambassade américaine, les morts à Gaza… –, il y a comme une panne. Le fait que l'on n'arrive même pas, d'un point de vue éthique, à nommer un massacre comme tel, à désigner les crimes et les violences par leur nom, mais que l'on ne cesse d'euphémiser le réel à travers le langage signe bien cette totale dichotomie entre la capacité d'incarner des valeurs dont on se réclame et que l'on projette dans le monde, et celle de les déclarer. Et voilà peut-être l'ouverture que l'on cherche.

Concernant l'hospitalité, notons que l'Allemagne a fait un effort considérable en 2019 – ce qui a eu un coût politique énorme pour Angela Merkel. Je me demande si l'on sait que dans certains pays d'Afrique, à peu près 40 % de la population est étrangère. Ce sont des gens qui sont pourtant accueillis. Ce ratio peut même atteindre et aller au-delà des 50 %. L'idée serait de dépasser l'injonction éthique de l'hospitalité et d'en faire une cosmopolitique qui lierait les États, les obligerait à accueillir la vie momentanément fragilisée et lui apporter du soin. Passer du devoir d'hospitalité au droit à l'hospitalité avec toutes les obligations contraignantes que permet le droit.

GG – À quel pays penses-tu ? La Côte d'Ivoire ? Le Liban ?

FS – Je pense à la Côte d'Ivoire. Je pense au Gabon.

GG – Au Tchad, aussi. Les réfugiés du Darfour et les réfugiés centrafricains finissent par constituer quasiment un quart de la population. Ce qui est d'autant plus phénoménal que, parfois, les populations autochtones ne sont pas sensiblement moins démunies que les populations réfugiées hébergées dans des camps de fortune. À tout le moins, ces camps disent la difficulté des Occidents à manifester l'hospitalité : le camp de Lesbos, par exemple, est la honte de l'Europe.

Tu cites le massacre de Gaza… On pourrait songer au livre *Rwanda : la fin du silence*[1], de Guillaume Ancel, un officier français qui a participé à l'opération Turquoise au Rwanda. Ancel revient sur ce non-dit continuel dans lequel nous

1. Guillaume Ancel, *Rwanda, la fin du silence*, éd. Les Belles Lettres, 2018.

vivons en France depuis plus de vingt ans concernant la contribution de l'opération Turquoise à freiner l'avancée du Front Patriotique Rwandais, le FPR...

FS – À freiner le FPR, à exfiltrer les génocidaires...

GG – Alors que le FPR cherchait à mettre fin au massacre... On connaissait déjà le film de Raphaël Glucksmann, David Hazan et Pierre Mezerette[1], les livres de François-Xavier Verschave[2], de Saint-Exupéry[3]...

FS – Ceux de Boubacar Boris Diop[4] et d'autres !

---

1. Raphaël Glucksmann, David Hazan, Pierre Mezerette, *Tuez-les tous !*, Dum Dum Films, La classe américaine, 2004.

2. François-Xavier Verschave, *Complicité de génocide*, éd. La Découverte, 1994.

3. Patrick de Saint-Exupéry, *L'Inavouable, La France au Rwanda*, éd. Les Arènes, 2004.

4. Boubacar Boris Diop, *Le Livre des ossements*, éd. Zulma, 2020.

3
LE DÉSIR D'UN IMPOSSIBLE PARDON

GG – Toi-même, tu as d'ailleurs écrit une pièce de théâtre sur le massacre des Tutsis, sur le génocide rwandais[1].

FS – Oui. Je me suis beaucoup intéressé à la question du retissage du lien social après une telle tragédie. Comment un corps social se recompose-t-il ? Comment réapprend-on à vivre ensemble ? La littérature sur le génocide des Tutsis lui-même est assez abondante, et voir comment le Rwanda essaye de se relever de ce traumatisme profond est phénoménal. De nombreuses leçons d'humanité sont données dans cette histoire. Le sujet de la pièce (qui est tiré d'une histoire vraie) est le suivant. Une dame retrouve le génocidaire de son fils, en prison ; elle décide de lui rendre visite régulièrement, elle lui apporte des repas, lui lave son linge. Ce dernier finit par lui demander pourquoi elle fait preuve d'une telle sollicitude.

1. Felwine Sarr, *We call it love*, mise en scène Denis Mpunga, 2019.

Elle lui répond qu'elle le fait parce que c'est lui qui avait tué son fils et que c'est le seul lien qui lui reste entre elle et son fils. S'engage alors une discussion. Puis, elle cherche à comprendre les motivations du crime. Et au bout du processus, toute l'histoire du génocide est évoquée, toutes les motivations plus ou moins obscures, toute la complexité. Le génocidaire se met ensuite en situation de demander pardon. Il n'est pas sûr qu'elle soit en mesure de le lui accorder. Mais quand il sort de prison, cette dame l'accueille, l'adopte comme son fils et ils cohabitent encore aujourd'hui.

GG – Ce qui rejoint une grande expérience anthropologique, dont a témoigné, en France, la résistante Maïti Girtanner face à son bourreau nazi[1]. Cette jeune pianiste d'origine suisse, arrêtée sur les bords de la Vienne où elle aidait des résistants à passer en zone libre, torturée puis relâchée, n'a jamais pu rejouer du piano du fait des séquelles des tortures subies. Quarante ans

1. Cette expérience a été portée à l'écran par Michel Farin dans *Résistance et pardon*, éd. le Jour du Seigneur, 2005 et a fait l'objet d'un ouvrage écrit par Maïti Girtanner et Guillaume Tabard, *Même les bourreaux ont une âme*, éd. la Loupe, 2008.

plus tard, son ancien tortionnaire – il se dissimulait auparavant comme médecin ordinaire –, qui se sait condamné par un cancer, la cherche et la retrouve : il ne veut pas mourir sans avoir, d'une manière ou d'une autre, demandé pardon à cette jeune femme qui parlait de Dieu alors qu'il la torturait. Le lien social ne peut pas être régénéré sans une expérience de l'ordre du pardon.

FS – Exactement ! C'est justement ce que la dame dit au prisonnier dans ma pièce. Elle ne sait pas si elle peut lui pardonner ou pas. Mais pour reconstruire le lien social, il faut que ce soit à ces individus, qu'on appelle les victimes, de faire le premier pas. Si ce premier pas n'a jamais lieu, régénérer le lien social est impossible.

GG – Tu précises qu'elle ne *sait* pas si elle peut pardonner, et c'est d'une grande beauté. Par-là, nous sortons d'un type de mythe de la Modernité occidentale d'une subjectivité transparente à elle-même : elle ne sait pas si le désir qu'elle éprouve de pardonner peut s'incarner en elle. Mais elle a le désir du désir. Et dire cela, c'est déjà opérer un discernement décisif par rapport à notre héritage des Lumières.

Ce point est très important dans la spiritualité ignatienne[1], que vivent les jésuites, mais aussi les religieuses xavières[2], et beaucoup d'autres congrégations de religieuses et de laïcs. Autrement dit, je suis invité, d'abord, à faire le deuil de la prétention à l'autonomie absolue, à la transparence du sujet à lui-même. Peut-être me sera-t-il alors donné de reconnaître qu'un désir m'habite. Un désir de vie profond, juste, vrai, mais que j'ignore en grande partie et dont mon histoire, dans la réalité de mes relations avec les autres, avec le monde, va éventuellement me révéler la vérité, pourvu que je ne l'étouffe pas derrière les contraintes et les conventions sociales qui servent à me cacher aux yeux du monde. Et enfin, il se peut que ce désir lui-même soit ambivalent, inchoatif, inachevé… À la manière de cette femme qui désire garder un lien avec son fils mort et qui, pour cela, héberge

1. Conception de la spiritualité chrétienne inspirée d'Ignace de Loyola (1491-1556) pour qui la relation à Dieu se noue dans le service auprès de la communauté humaine. Ignace de Loyola propose notamment, à travers ses « exercices spirituels », de s'affranchir de ses désirs et passions propres (ce qu'on appellerait sans doute aujourd'hui « l'ego ») pour discerner et suivre la volonté de Dieu et non la nôtre.

2. Congrégation religieuse féminine inspirée de la spiritualité ignatienne.

le bourreau de son fils, tout en ne sachant pas si elle peut réussir à jamais lui pardonner. Je peux éprouver le désir du désir, c'est-à-dire désirer pouvoir pardonner. Dans certaines situations extrêmes, c'est même tout ce qu'il me reste pour rester un humain.

FS – Précisément ! Ce à quoi le génocidaire lui répond – une idée inspirée de Derrida[1] – qu'il n'y a que l'impardonnable qui puisse être pardonné. Que le vrai pardon a pour objet ce qui est impardonnable.

GG – Au sens où, pour Derrida, ce qui est pardonnable relève d'une logique du calcul, de l'intérêt, de la pesée, du pour et du contre (de la rationalité stratégique, aurait dit Habermas)… alors que le pardon, lui, est inconditionnel. Sans « raison ». Sans réciproque. Derrière cette position très forte de Derrida qui revient à faire du pardon un impossible nécessaire, un débat avec Vladimir Jankélévitch[2] se fait entendre *mezzo voce*. Ce dernier, au sortir de la Shoah, avait pris une position

---

1. Jacques Derrida, *Pardonner : l'impardonnable et l'imprescriptible*, éd. Galilée, 2012.

2. Vladimir Jankélévitch, *Le Pardon*, éd. Aubier-Montaigne, 1967.

radicalement opposée, estimant que les crimes nazis ne seraient jamais pardonnables et donc qu'il serait vain de chercher à les pardonner.

Dans une perspective biblique, on aurait tendance à courir le risque de donner raison à Derrida : est à pardonner ce qui est fondamentalement impardonnable. À ceci près que, chez Derrida, cet impossible nécessaire conduit à une aporie dans laquelle je ne sais comment séjourner. C'est à cet endroit que le Nouveau Testament avance cette affirmation extraordinaire : l'impossible est possible.

FS – L'essentiel dans cette idée de désir est son inaccomplissement qui me rappelle René Char et ce qu'il dit du poème, cet « amour réalisé du désir demeuré désir »[1].

GG – Cela rejoint l'autre grand héritage d'une partie de la tradition chrétienne : l'accomplissement du désir n'est pas dans son extinction, mais dans son accroissement, d'après le cappadocien Grégoire de Nysse[2].

---

1. René Char, *Fureur et Mystère*, éd. Gallimard, 1967 (première édition 1948).

2. On appelle les Pères cappadociens trois saints ayant particulièrement contribué à la formulation classique de l'Église

FS – Pour revenir au sujet initial, au-delà de la question classique du Rwanda qui est souvent mise en avant, à savoir l'horreur du génocide (et à juste titre puisqu'il n'y a que vingt-quatre ans que les faits ont eu lieu), je remarque avec intérêt que des efforts sérieux en termes de bien-être économique et social ont été fournis, indéniablement. Plus important encore, cette société œuvre à dépasser le trauma, à le guérir, y compris le trauma profond. Elle s'efforce d'entrer dans un processus de résilience et de reconstruction. Et pour moi, c'est la leçon la plus essentielle. Avec mon regard d'économiste, bien sûr, j'observe ce qui se réalise du point de vue de la matérialité et des conditions de vie. Mais souvent, on surpondère les conditions de vie au détriment de la vie elle-même, de l'existence elle-même. Or, je pense que ces deux dimensions sont intrinsèquement en interaction et que la dimension environnementale de l'existence n'est pas la seule significative. Celle du sens, autrement dit, de l'expérience existentielle en elle-même, me semble absolument centrale. C'est ce qui fait que parfois, dans

---

chrétienne orthodoxe telle qu'on la connaît aujourd'hui : saint Basile, saint Grégoire de Nysse et saint Grégoire de Nazianze.

les espaces où les conditions de vie sont bonnes, il peut y avoir de la pauvreté existentielle, et *vice versa*, dans les espaces où les conditions de vie seront extrêmement difficiles, il peut y avoir une grande richesse existentielle.

4
L'USURPATION NÉOCLASSIQUE

GG – C'est vrai aussi pour la lecture que font une part des économistes de la *success story* du Rwanda : ils sont fascinés par ce que Paul Kagame arrive à faire avec l'économie rwandaise, au même titre qu'ils le sont par l'Éthiopie, une partie du Kenya, l'île Maurice ou l'Afrique du Sud. Cela rejoint notre propos précédent au sujet de l'illusion du mythe moderne occidental : ils se contentent de regarder une version objectivée de la réalité rwandaise à travers des agrégats monétaires, macroéconomiques, qui ne disent pas grand-chose du sens de ce que vivent les Rwandais aujourd'hui, et qui peut être, dès lors, largement faussée… C'est la raison pour laquelle beaucoup d'économistes sont assez indifférents à la démocratie rwandaise, laquelle demeure un sujet à questionner. Cette attitude en dit long sur le rapport que d'aucuns entretiennent avec la question des droits humains et de la démocratie. En témoigne le fait très surprenant, inquiétant même, que les mots « droits humains » ou « démocratie » ne figurent pas dans l'énoncé des objectifs du développement durable (ODD) des Nations Unies de septembre 2015[1]. Comme s'il était envisageable et acceptable que l'humanité onusienne se donne une charte valant pour la totalité de la planète – c'est ce qu'elle prétend ! – structurée de manière systémique, organique, architectonique, mais d'où la question de la démocratie serait absente. Elle est suggérée dans l'ODD 16[2] et l'ODD 17[3], mais n'est ni mentionnée, ni nommée directement, et les droits humains ne sont

1. À consulter sur https://www.un.org/sustainabledevelopment/fr/2015/09/25/les-etats-membres-de-lonu-adoptent-un-nouveau-programme-de-developpement-audacieux/

2. À consulter sur https://unstats.un.org/sdgs/report/2016/The%20Sustainable%20Development%20Goals%20Report%202016_French.pdf

3. À consulter sur https://unstats.un.org/sdgs/files/report/2017/TheSustainableDevelopmentGoalsReport2017_French.pdf

pas nommés non plus. Certes, on comprend que la Chine a dû s'opposer à une expression trop explicite de l'exigence démocratique ; mais ceci excuse-t-il cela ?

FS – Les institutions productrices de normes à l'échelle mondiale sont dans une épistémè[1] de la matérialité, de la quantité et de l'avoir. Nous sommes soumis à une échelle normée ou tout est quantifiable, mesurable. Pour les pays africains que tu cites, rappelons que leur aspiration au confort est légitime. Ils ont besoin de construire des routes, des écoles, des hôpitaux et il y a de vraies avancées dans cette voie qui ne sont pas seulement liées à un imaginaire occidental de la modernité, mais à la simple amélioration de leurs conditions de vie. Reste à savoir comment ils le font ; et là, ils peuvent opter pour des modèles plus écoresponsables ayant une faible empreinte écologique. D'ailleurs, les ODD prennent plus en compte cette dimension que les objectifs du millénaire pour le développement (OMD) auxquels ils faisaient suite. Pour revenir au Rwanda, les Rwandais ont effectivement réalisé des progrès assez extraordinaires sous le

1. Concept philosophique désignant l'ensemble des connaissances scientifiques d'une époque donnée.

leadership Paul Kagamé, comme tu l'évoquais plus tôt. Surtout au regard de l'histoire qu'ils ont vécue. Un génocide qui a coûté la vie à un million de personnes en trois mois, sous le regard indifférent de la communauté internationale. De ce chaos, ils ont su repartir et rebâtir. Il suffit d'y aller et l'on se rend compte du chemin que ce pays a parcouru. La sécurité, l'éducation, l'alimentation sont aussi des droits humains. Certes, sur le continent africain et ailleurs, il faut garantir aux humains et sociétés toute l'étendue de leurs droits et de leurs libertés, et à ce titre les droits politiques sont aussi fondamentaux que les autres droits humains. Je me méfie toutefois des injonctions civilisationnelles, même lorsqu'elles portent le nom de démocratie. On a vu des guerres et des destructions menées par l'Occident au nom de la démocratie (en Irak et en Lybie, par exemple). Nous pouvons être d'accord sur l'aspiration à la démocratie et sur sa substance, cependant les formes institutionnelles qu'elle prend ici et là doivent être inventées et produites par les sociétés elles-mêmes, dans leur histoire propre.

GG – Puisque nous discutons, en ce moment même, à l'Institut d'études avancées de Nantes, comment ne pas songer au travail d'Alain Supiot sur la gouvernance par les nombres qu'il a présenté dans un livre magnifique et important[1] ? La place nécessaire à un tiers qui symbolise nos relations est occupée, obstruée par une cybernétique quantifiée qui traite le monde comme une machine et prétend empêcher toute symbolisation. D'où la tentative menée par le post-libéralisme (nous reviendrons à cette idéologie du pétrole) depuis une quarantaine d'années d'assujettir le Droit à une logique économique de l'intérêt privé. Du moins est-ce ainsi que je comprends l'œuvre de Supiot. L'économie est soumise au rouet : d'un côté, nous avons besoin de chiffres pour prendre des décisions qui aient du sens. Comment, par exemple, pendre conscience du fait que l'impôt sur le revenu français n'est plus progressif sans le *mesurer* ? Comment relever les défis de la décarbonation de nos sociétés sans compter le nombre de tonnes de carbone que nous émettons ? De l'autre côté, toutefois, l'économie *mainstream* est la pointe avancée de cette espèce de colonisation du monde par la

1. Alain Supiot, *La Gouvernance par les nombres. Cours au Collège de France (2012-2014)*, éd. Fayard, 2015.

quantification du réel, l'imaginaire de la cybernétique et l'idée d'une gouvernance immanente, entièrement régie par les nombres. J'irais même plus loin. Dans le second tome de *Composer un monde en commun*[1], je m'efforce de montrer que le « capitalisme » (à propos duquel tant de définitions contradictoires ont pu être proposées depuis deux siècles, de Ricardo aux néoclassiques contemporains, en passant par Marx bien sûr), c'est l'ensemble des dispositifs politiques, sociaux, législatifs, des pratiques, des éthiques qui s'ordonnent autour d'une action, celle de *capitaliser*: transformer une ressource (matérielle ou symbolique) en un *capital*. C'est-à-dire en quelque chose qui doit me rapporter des revenus dans le futur, revenus que je suis capable d'anticiper, d'évaluer et d'actualiser (avec un taux d'escompte idoine, lequel permet d'indexer les euros de demain sur les euros d'aujourd'hui) pour en tirer la somme actualisée des flux de revenus futurs, dont je déclarerai qu'elle est exactement la *valeur* de mon capital aujourd'hui. Capitaliser, c'est une sorte de

1. Gaël Giraud, *Composer un monde en commun*, à paraître aux éd. du Seuil, 2022.

transsubstantiation inversée : c'est transformer une forêt, une machine, une œuvre d'art, un être humain… en un *capital.* Toutes les opérations qui concourent à la transmutation nous paraissent évidentes parce qu'elles sont pratiquées partout – aussi bien en finance de marché pour évaluer le prix d'une obligation qu'en politique publique pour juger de la « qualité » d'un investissement public ou encore dans les compagnies d'assurance, etc. En vérité, ces opérations sont historiquement situées puisqu'elles sont apparues peu avant le XIVe siècle, dans la pratique des premières banques du nord de l'Italie et ne se sont généralisées à la vie courante qu'au cours du XXe siècle. Sortir du « capitalisme », c'est quitter le *credo* qui voudrait que tout puisse devenir un capital au sens que je viens d'esquisser. Cela va beaucoup plus loin que mettre un cran d'arrêt à la seule extension de la propriété privée – ce qui est par ailleurs indispensable. Car l'analyse coût-bénéfice (qui suppose de ramener les termes d'une décision à de la capitalisation) vaut aussi bien pour le patrimoine public que pour la propriété privée et plonge ses racines bien en amont de l'absolutisation de la propriété privée que tente le postlibéralisme depuis quarante ans – à laquelle j'avais consacré mon livre *Illusion financière*[1] –, et même en amont de la sacralisation de la propriété privée par le libéralisme classique du XVIIIe siècle. Le capitalisme naît au cœur du Moyen Âge et non pas avec les Lumières.

Il serait pertinent d'interroger à présent la manière dont un gouvernement politique prendrait ses distances par rapport au réductionnisme capitaliste. Comment apprendre à gouverner en nous aidant de nos formidables capacités de mesure ou de calcul sans nous laisser gouverner par un imaginaire qui, trop souvent, entoure la construction et l'interprétation de ces chiffres ? Sans réifier nos ressources en « capital » ?

FS – Oui, parce qu'à partir du XVIIIe siècle, l'économie usurpe le lexique de l'évaluation du bien-être social. Elle y projette ses catégories de manière exclusive. Elle réordonne le temps, le gouverne et impose à tous un temps spatialisé uniquement orienté vers la productivité et l'efficience. Ce temps-là déborde dans l'espace de l'intimité des personnes ainsi que dans celui des échanges non marchands. Il s'y implante et le façonne. On peut considérer que légitimement,

1. Gaël Giraud, *Illusion financière*, éd. de l'Atelier, 2013.

dans le monde du travail productif, l'efficacité soit un principe, encore que l'on puisse imaginer une philosophie du travail qui réhabilite le geste esthétique et la dimension de l'œuvre dans le travail. En revanche, en dehors du travail, on peut exiger un rapport au temps qui puisse être autre, une temporalité non objectivée, qui ne recouvre rien, un temps qui ne soit pas un temps de l'établi, un temps vécu en durée et non en objectifs, en quantité de choses à faire. Or, même ces espaces ont été contaminés par la vision économique du temps. C'est peut-être aussi en cela que consiste l'une de nos grandes difficultés, à savoir comment reconfigurer l'économie, la ramener à sa juste place et l'empêcher de déborder de l'espace qui est le sien ; l'assigner à un espace qui lui soit propre et en faire à nouveau un ordre technique, un ordre du savoir-faire et non des finalités.

GG – Cette confusion est la même que celle que tu as dénoncée entre une rationalité des fins chez Kant, orientée par un *telos*, une cause finale, et une rationalité instrumentale. Distinguer la fin poursuivie et les moyens – toujours limités – choisis pour y parvenir est une condition fondamentale de sortie de la confusion. À la faveur de cette méprise, nous attribuons des finalités à nos instruments : c'est ce que tu dis à propos de l'économie. On a donc oublié que des finalités sont capables de dépasser de très loin nos instruments et pour lesquelles les outils nous font défaut pour l'instant, ou pour lesquelles il n'existera peut-être jamais d'instruments adéquats. C'est caractéristique, par exemple, de la manière dont un François Hollande relit son propre mandat présidentiel dans *Les Leçons du pouvoir*[1], une succession de batailles tactiques sans aucun lien qui donne un sens à la série. Jamais l'horizon global à l'intérieur duquel prennent place ces confrontations locales n'est interrogé. Tout se passe comme si le sens du projet politique pour la France porté par cet homme était évident et donc ne méritait pas d'être interrogé ou bien même… absent.

Sans doute parce que, chez lui comme chez beaucoup de hauts fonctionnaires, la maîtrise des instruments tient lieu de projet. C'est confondre les moyens et la fin. Et c'est la porte ouverte au plus grand cynisme comme en témoignent les pantouflages en série de hauts fonctionnaires européens dans le privé, parfois même

1. François Hollande, *Les Leçons du pouvoir*, éd. Stock, 2018.

directement chez les lobbyistes qu'ils étaient censés réguler. Le directeur général du Trésor français s'en va travailler pour un *hedge fund* chinois, le Hongrois Adam Farkas, l'actuel directeur exécutif de l'Autorité bancaire européenne, qui prend la tête de l'Association des marchés financiers en Europe, un puissant *lobby* qui défend les intérêts du secteur bancaire privé. Imagines-tu le patron de la police de Bogotá qui deviendrait le principal lieutenant de Pablo Escobar ? Ceci étant dit, en France, nous avons nommé à la tête de la Banque de France un ancien cadre dirigeant de BNP Paribas puis, à la tête de l'État, un inspecteur des finances ayant pantouflé chez Rothschild... Rien d'étonnant si les mesures de régulation des marchés financiers, des banques et du *shadow banking,* du *High Frequency Trading* et des *dark pools*[1] ne sont toujours pas mises en œuvre, et fort peu discutées, alors qu'elles sont connues

1. Le *shadow banking,* ou finance de l'ombre en français, désigne l'activité qui contribue au financement non bancaire de l'économie, et par extension, souvent, celle qui fait passer des activités vers des secteurs non régulés, ayant ainsi participé à la crise de 2008. Le *High Frequency Trading,* ou transactions à hautes fréquences, consiste en des transactions financières réalisées à haute vitesse par des algorythmes basés sur des statistiques. Les *dark pools* sont des marchés financiers alternatifs

depuis plus de dix ans[1]. Il y a heureusement des exceptions remarquables : des hauts fonctionnaires qui ont conservé envers et contre tout un haut sens de l'État. Mais, souvent, leur intégrité pénalise leur carrière, en particulier sous l'actuel gouvernement.

La position de toute-puissance dans laquelle la majorité des économistes s'est installée traduit cette confusion. Par conséquent, on pourrait aller jusqu'à dire qu'en réalité nous n'avons pas vraiment dépassé le paradoxe insoutenable d'une rationalité des Lumières qui conduit aux camps de concentration. Nous sommes en train de refaire ces mêmes erreurs à travers la crise écologique... Peut-être, du reste, n'y a-t-il pas de discontinuité de l'un à l'autre ? Un des possibles qui nous attend, c'est en effet celui d'une planète qui devient un camp pour une part croissante de la population. La durée de vie moyenne pour les réfugiés qui survivent actuellement dans ces camps est de dix-sept ans. Le camp n'est plus

---

où toutes les données (acteurs, biens achetés, quantités, etc.) sont tenues secrètes jusqu'à la fin des operations.

1. Lire à ce sujet *Vingt propositions pour réformer le capitalisme,* sous la direction de Gaël Giraud et Cécile Renouard, éd. Flammarion, 2013.

simplement une expérience passagère à l'issue de laquelle on arrivera enfin à s'installer dans un lieu décent : il se convertit en lieu de vie, ou de survie. On y naît et on y meurt. Un Occident capable de génocide est aussi capable d'entasser l'humanité dans des camps et de pratiquer un écocide. Or le réchauffement climatique nous promet plus de 2,5 milliards de réfugiés climatiques dans la seconde moitié de ce siècle, selon la Banque mondiale. Ce qui me semble presque optimiste et promet, en tout cas, des camps pléthoriques – si tant est que l'Occident ait encore les moyens et la volonté de construire des camps pour un quart de l'humanité !

FS – On peut supposer que le travail de critique fondamentale n'a pas été suffisamment fait. Alain Supiot parle de l'armature dogmatique des sociétés, ce lieu où tout s'enchevêtre. Tout l'intérêt d'une réflexion sur la décolonialité des épistémologies pourrait bien résider là. Le savoir soutient un ordre du réel, le promeut et le reproduit. Et le savoir, en tant qu'il régule la compréhension du monde, régule aussi les subjectivités, le rapport au temps, etc. Alors que l'objectif est plutôt de reconnaître la pluralité de mondes dans le monde et de leur faire droit afin qu'ils existent non pas dans leur virtualité, mais dans leur réalité. L'épistémologie dominante contemporaine nous rend aveugles à ces mondes et nous empêchera de voir, justement, que le réfugié dans un camp relève d'un processus concentrationnaire. On ne verra plus que le bidonville est une négation des droits humains et de la dignité humaine. Et que les «réussites» que l'on voit dans d'autres parties de la planète se payent aussi à ces terrifiants prix. On ne verra plus que des licenciements ne sont pas des coûts comptables, mais des vies humaines, des existences qui ne sont même plus évaluées au trébuchet de l'humanité et de la dignité les plus élémentaires. Cette épistémologie-là doit être requestionnée et congédiée.

GG – Dans *Homo sacer*[1], Giorgio Agamben a essayé de penser cette réalité envahissante du camp. Il attribue la racine de cette dérive au christianisme et à la manière dont celui-ci aurait vidé le politique de son contenu en lui substituant une téléologie immanentiste et gestionnaire. En somme, l'imaginaire managérial que nous dénoncions tout à l'heure serait d'origine chrétienne. La

1. Giorgio Agamben, *Homo sacer, le pouvoir souverain et la vie nue*, éd. Seuil, 1997.

faute remonte, selon Agamben, à la théologie trinitaire du IVe siècle qui, en cherchant à séparer la souveraineté du Père (lequel règne mais ne gouverne pas) de celle du Fils (qui, lui, gouverne), aurait ouvert la voie à une pensée du politique purement « filiale » : un gouvernement sans règne, en quelque sorte, le Père s'étant retiré dans un Ciel inatteignable. D'où, selon le philosophe italien, l'idée reprise par les économistes libéraux du XVIIIe siècle, d'un gouvernement strictement immanent, sans tiers, sans altérité. Là, je ne peux que me séparer d'Agamben. En réalité, ce que tente de poser Agamben, à mon sens, c'est la sortie du capitalisme au sens d'une construction sociale qui voudrait maîtriser l'avenir au point de le transformer en un calendrier de revenus actualisables dont la somme dirait le sens du présent. Or, cette invention s'inaugure vraiment pendant le Moyen Âge et, à coup sûr, n'a rien à voir avec l'Évangile. La parabole des talents et des mines[1] (Matthieu 25, 14-30,

1. Ces paraboles mettent en scène la volonté de Dieu de voir les hommes faire fructifier et circuler ce qui leur est donné, quitte à prendre des risques. Le Seigneur y récompense les travailleurs et châtie les paresseux. Ces deux paraboles, quasi identiques, si elles parlent en vérité de foi et du Royaume de

et Luc 19, 12-27) en constitue même sans doute l'antidote séminal.

Je crois qu'il est ici utile de revenir aux pages de Pierre Legendre[1] sur la question de la normativité dogmatique – des pages que ne renierait pas Alain Supiot, que tu citais à nouveau. Il faudrait alors remonter en amont d'une critique des Lumières, comme le fait Agamben, mais en s'arrêtant avant les querelles trinitaires des grands Conciles du IVe siècle. Une partie de nos problèmes plonge ses racines dans ce qui s'est passé avec la réforme grégorienne au XIe siècle[2]. Cette « révolution » a engendré, au sein de l'histoire des Occidents, une rupture majeure avec les tâtonnements francs et carolingiens postérieurs à l'effondrement de l'Empire romain d'Occident en 476. Ce qui avait été central dans l'Empire romain, c'était la première construction d'un Droit qui prétendait

---

Dieu, en première lecture, prennent la forme d'un récit… banquier !

1. Pierre Legendre, *Sur la question dogmatique en Occident. Aspects théoriques*, éd. Fayard, 1999.

2. Cette réforme menée par le pape Grégoie VII à la fin du XIe siècle a permis d'édicter le premier droit canon, d'accorder au Pape une souveraineté politique au moins égale à celle de l'Empereur et de créer la première bureaucratie internationale : le clergé.

légiférer sur la totalité de la vie sociale et qui lui-même était sans utopie politique. Le droit romain était une simple collection de règles pragmatiques, destinées à régler au mieux les litiges – ce qui n'est pas très éloigné de la manière dont beaucoup de postlibéraux se représentent la fonction du Droit. Athènes, elle, n'avait pas de Droit, mais vivait une authentique utopie politique, la démocratie. La différence entre Athènes et Rome est que Rome n'a plus d'utopie, plus d'horizon eschatologique[1] – comme une partie d'entre nous, aujourd'hui. Rome avait un Droit, donc, supposé gérer la totalité de l'existence, ainsi qu'une religion civile qui cimentait le lien social (l'une des étymologies que l'on donne à *religio* ramène à sa traduction de « relier ») et la relation avec les morts. La grande révolution du pape Grégoire VII, au XIe siècle, aura été le moment inaugural – étalé sur quelques décennies et au prix de plusieurs guerres, notamment avec l'Empereur Henri VI – où des théologiens et des juristes médiévaux ressuscitent plus ou moins le droit romain sous la forme du droit canonique, lequel sera ensuite

1. C'est à dire de vision de fin du monde, d'objectif, de finalité ultime à l'histoire.

copié par tous les États européens et finalement par tous les États modernes occidentaux. Tous vont s'inspirer du droit canonique pour écrire leur droit civil. Au fond, n'en déplaise aux laïcards, le premier État occidental moderne, pour le meilleur et pour le pire, c'est l'Église catholique grégorienne ! Or, à ce moment, une opération symbolique d'une extrême importance se met en place, à savoir que l'Église prétend incarner la source unique de la normativité dogmatique. Elle revendique le monopole d'un monologisme normatif, dirait-on pour reprendre en partie le lexique d'un ami anthropologue, le regretté Étienne Leroy. Et malheureusement, tous les États européens, puis occidentaux, reprendront ce geste, chacun revendiquant le monopole de la normativité juridique dans son périmètre territorial, bientôt fixé par les Traités de Westphalie de 1648. On en entend encore l'écho dans la fameuse définition wébérienne de l'État[1], bien postérieure. Or il y a là quelque chose d'étrange :

1. Selon Max Weber, « l'État moderne est un groupement de domination de caractère institutionnel qui a cherché (avec succès) à monopoliser, dans les limites d'un territoire, la violence physique légitime comme moyen de domination et qui, dans ce but, a réuni dans les mains des dirigeants les moyens

que l'État puisse exercer une violence légitime, c'est entendu. Mais pourquoi revendiquerait-il le monopole de cet exercice ? L'utopie des zadistes à Notre-Dame-des-Landes, tout comme des zapatistes au Mexique ou du mouvement des places un peu partout dans le monde, consiste à revendiquer qu'il puisse y avoir des sources alternatives du droit, de ce qui est légitime, de ce qui est juste.

FS – L'utopie politique comme fondement d'un projet civilisationnel me semble fondamentale. Pour l'Afrique, je crois que cette question est même plus urgente que celle de l'économie. Quel projet civilisationnel se donne-t-on, quel ordre de valeurs, quelles finalités sociétales ? Comment les produit-on ? Par quels procédés ? Délibératifs ? À partir de là, penser les régimes normatifs forcément pluriels (ce qui est déjà le cas), les institutions qui organisent la vie en société. Ici, l'État moderne est une possibilité parmi d'autres, d'autant que la longue histoire des sociétés africaines regorge d'exemples de formes d'autogestion qui pourraient servir de source d'inspiration à une réinvention institutionnelle qui me semble

---

matériels de gestion », dans *Le Savant et Le Politique*, éd. La Découverte, 2003 (première édition 1959).

nécessaire. D'ailleurs, les cultures humaines ont révélé plusieurs options d'autogestion dans de nombreux espaces, où les groupes humains s'autogouvernent, s'autogèrent avec intelligence et efficacité. Mais depuis l'avènement de l'État moderne, nous avons réduit le champ conceptuel des possibles.

5
QUI DIT LA NORME ?

GG – Certains vont immédiatement protester : mais ce serait la fin de la légitimité même de l'État ! Est-ce si sûr ? La justice n'excède-t-elle pas toujours le droit positif ? Le Droit n'est-il pas toujours en dette vis-à-vis de ce qu'il tente d'appréhender ? Et si le droit positif, tel qu'il est institué par l'État, est toujours en deçà de ce qu'il vise, un pluralisme normatif des sources du droit ne serait-il pas un outil supplémentaire pour la démocratie ? Les villes, les régions, les cantons, les États au sein des confédérations ne peuvent-ils donc pas cohabiter et entrer dans une sorte de conversation infinie au sujet du Droit qu'ils entendent mettre en place ? Au reste, nous pratiquons déjà, et depuis longtemps, ce pluralisme normatif : dans la zone euro, à travers la superposition du droit communautaire et des droits des États ; dans de nombreux pays africains, à travers une superposition analogue entre le droit colonial et le droit coutumier...

Un tel pluralisme pose la question délicate des relations entre ces différentes sources. Celles-ci ne pourraient sûrement pas être dictées par la concurrence, contrairement à ce qu'avance l'école des choix publics qui justifie la course au moins-disant fiscal entre pays par une « saine » concurrence. Plus généralement, il y a quelque chose d'extrêmement mortifère dans la façon dont le postlibéralisme commun essaie d'absorber la totalité de la sphère vivante et sociale à travers une quantification mise au service de la privatisation du monde. Les instruments de mesure de cette quantification nous sont dictés par un État qui lui-même se conçoit comme la source unique de la normativité et qui, après quarante ans, est souvent lui-même inféodé aux intérêts privés. Cette sujétion de l'État à des intérêts particuliers n'est plus libérale : le libéralisme classique consistait à faire du Droit une digue contre la tyrannie possible de l'État. Maintenant, la digue elle-même est au service de l'ouragan contre lequel elle prétendait défendre la liberté de chacun et les droits humains fondamentaux. Raison pour laquelle le terme de néolibéralisme est trompeur en ceci qu'il suggère une filiation avec le libéralisme des Lumières : en réalité, les postlibéraux actuels, de Margaret Thatcher à Emmanuel Macron, sont les fossoyeurs du libéralisme. Et je pense que là aussi, il faut faire un travail de déconstruction, y compris dans la tradition chrétienne. Pourquoi ce monologisme ? D'où vient-il ? Je ne crois pas du tout qu'il entretienne un lien étroit avec le monothéisme, n'en déplaise à Carl Schmitt. On peut très bien être monothéiste au plan théologique sans être monologiste du point de vue juridique et normatif. Et comment accepter une pluralité de sources de normativité capables d'entrer dans un dialogue profond, sinon en acceptant justement l'hospitalité kantienne – et au fond, évangélique –, la discussion entre égaux, plutôt que le rapport de force dans lequel nos sociétés postlibérales sont tentées de s'installer ? La violence exercée à l'égard des Gilets jaunes ou de Michel Zecler n'a plus rien à envier aux milices fascistes des années trente et témoigne des dérives que ce rapport de force entraîne.

FS – La réponse à cette question est conditionnée non seulement à ce que nous soyons en mesure de concevoir la pluralité, mais également l'incomplétude des cultures, des civilisations et des groupes humains. Cette incomplétude est capitale, puisque si on la conçoit, on admet du même coup que l'interaction avec les autres nous est nécessaire car elle nous accomplit. On sortirait ainsi d'un rapport de surplomb où l'on continue de projeter ses Lumières sur les autres. Cet imaginaire a la vie dure dans l'Hexagone. Chaque jour, on peut lire et entendre des expressions telles que « la puissance de l'Europe », les « valeurs occidentales », « l'influence de la France » ; on se plaît à habiter ce lieu d'où l'on projette ses propres représentations et configurations intellectuelles et sociales sur le reste du monde, qui n'aurait qu'à s'y conformer. Cela signifie qu'on ne se considère toujours pas comme membres d'une totalité interactive de laquelle on apprend et reçoit en même temps que l'on donne. Dans laquelle son propre accroissement vient de sa capacité à habiter son incomplétude qui, alors, rend nécessaire la rencontre.

GG – C'est ce que nous disions du désir.

FS – Exact ! Et si, d'un point de vue sociétal, on n'arrive pas à le concevoir, on ne comprend pas pourquoi on doit accepter la pluralité des normativités, la pluralité des rapports au temps. Les cultures sont des productions d'êtres. Elles engendrent une multitude de visages de l'expérience humaine, mais qui ne sont que les différents aspects de notre expérience commune. Et cet imaginaire pluriel est à construire si on veut réellement habiter le monde.

GG – Bien sûr ! On l'a vu avec les mouvements des places. Comme en Turquie, *Occupy Wall Street*, le mouvement des biens communs, les *beni comuni* en Italie, en Colombie. Le concept de…

FS – … *buen vivir* en Amérique latine.

GG – *Claro* ! La société civile fait preuve d'une grande vitalité. Dès lors, la question se transforme. Comment l'État, quant à lui, peut-il accepter de reconsidérer sa propre mission de manière à autoriser pareil pluralisme juridique ? Ce serait une réponse à la thèse d'Agamben : l'imaginaire gestionnaire qui envahit nos consciences et nos institutions n'est pas intrinsèquement lié à l'expérience chrétienne. En revanche, il est lié au croisement de l'institution sociale de la capitalisation et de la propriété privée dont nous héritons du droit romain *via* la médiation des théologiens grégoriens. Et la sacralité de la propriété privée (affirmée solennellement par la Déclaration de 1789, c'est là une autre ambiguïté fondamentale des Lumières) devient toute-puissance quand elle parvient à subordonner l'appareil d'État, lequel détient le monopole de la violence légitime. Par conséquent, et pour ne prendre qu'un exemple, la capture du régulateur public par le *lobbying* du secteur bancaire (qui réussit à faire passer la loi Moscovici-Berger de 2013 pour une loi de séparation bancaire, alors que cette loi ne sépare à peu près rien ; elle oblige tout juste à filialiser une infime fraction des activités de marché des banques françaises) n'est pas un accident de parcours, regrettable mais latéral. Elle est le symptôme d'un mal beaucoup plus profond qui n'est autre que le détournement de la promesse des Lumières par l'État dévoyé au service d'un projet de privatisation du monde qui n'a plus rien à voir avec le christianisme. L'Église a certes été indirectement complice de ce détournement dans la mesure où c'est elle qui, au XIe siècle, a inventé le monologisme juridique d'État. Mais le christianisme possède aussi les ressources pour penser et vivre autrement. C'est ce que l'on entend, par exemple, dans les *Actes des Apôtres* : l'Église primitive « mettait tout en commun » (*Actes des Apôtres*, 2,44). Autrement dit, le partage des ressources est le geste primordial de la communauté chrétienne. On est très loin du projet postlibéral et très proche, au contraire, de tout ce qui s'invente à notre époque, sur le terrain, au sujet des *commons*[1].

1. Les *commons*, ou communs, sont ces ressources comme l'eau d'une rivière ou l'air, dont la gestion doit se faire collectivement par les différents usagers.

6

TÉRANGA

GG – Mais je voudrais revenir sur ce que tu esquissais à l'instant, qui est au fond une anthropologie relationnelle. Ne le remettrais-tu pas en lien avec l'économie du *Téranga*[1] dont tu as toi-même déjà parlé dans tes ouvrages ?

FS – La relation est une catégorie centrale à partir de laquelle on peut réfléchir et penser beaucoup de dynamiques sociétales. La famille, par exemple, pour prendre la première cellule, est un nœud de relations… Le politique est un ensemble de relations à articuler à plusieurs niveaux et sur plusieurs plans. L'économie, ce ne sont que des relations, on le sait très bien. De même que la production, les échanges, etc. Les relations internationales portent bien leur nom : des relations entre nations, États et groupes constitués. Toutes les questions que l'écologie pose sont relationnelles, elles interrogent notre relation avec le

1. Voir notamment Felwine Sarr, *Afrotopia*, éd. Philippe Rey, 2015.

vivant. Et je pense que l'un des plus grands défis de notre époque se situe là. Nous avons progressé dans beaucoup de domaines (avec toutes les précautions à prendre quand on aborde cette notion de progrès), cependant, nous avons dégradé la qualité des relations entre les différentes composantes du vivant. Nous nous trouvons donc dans un espace de qualité relationnelle très dégradée. Oui, il faut envisager de remettre de la qualité dans les relations. La *Téranga*, cela veut dire l'hospitalité, l'accueil ; mais ça va plus loin que l'hospitalité, que l'idée de bien accueillir les gens. C'est une éthique qui fait que l'on considère qu'à l'autre doit être prodigué le plus grand soin. La relation dit être l'objet de soin. La valeur se trouve véritablement dans le soin mis dans la relation : on la soigne, on y investit du temps, de l'énergie et de l'information afin qu'elle soit de qualité. Cela va complètement à l'encontre de la rationalité économique et de l'optimisation à coût minimal. Lorsqu'on veut produire plus, on minimise le coût, alors que dans la relation, si l'on veut qu'elle soit de qualité, on a besoin de maximiser l'investissement. Il ne suffit pas de clamer : « j'ai dit bonjour une fois, et c'est fini » ou bien : « j'ai donné une fois ». Non, il faut réitérer. Il faut mettre de la quantité, de l'énergie, du temps, du soin et tout cela à profusion, jusqu'à ce que la relation soit authentiquement de qualité et qu'elle devienne elle-même la valeur. De là, elle peut devenir la charpente d'une économie matérielle, elle peut être à l'origine d'autres types de relations qui ont des conséquences matérielles ou financières, mais qui se fondent d'abord sur un socle relationnel. D'ailleurs, les économistes savent bien l'importance de la *fiducia*, de la confiance, du capital social positif. Prenons l'exemple de la confiance. Il faut du temps long pour l'établir. Il faut des relations suivies. Il faut un patient exercice de la relation avec autrui sur un temps considérable qui fait que cette confiance-là peut devenir une valeur et résister à de nombreux chocs, puisque sur le temps long ont été expérimentées la qualité et la force du lien. On sait que l'économie se fonde là-dessus. Or c'est parce que justement nous sommes dans des économies de défiance qu'on a des coûts de transaction et de garantie élevés. Une anecdote de ma vie privée l'illustre parfaitement. Quand je suis arrivé à Nantes pour neuf mois, je voulais un abonnement téléphonique. Alors j'ai fait le tour de tous les opérateurs, en apportant tous les documents que j'avais : en particulier une attestation de logement pour neuf mois. Personne n'a accepté de me faire confiance. Dans leur esprit, les contrats se faisaient pour un an ou deux ans ; au bout des neuf mois, je pouvais m'enfuir, ne plus payer les trois mois restants. Je me suis vraiment rendu compte qu'on était dans une économie de défiance. J'avais beau avoir apporté plusieurs garanties, le postulat de base restait que j'allais trahir le contrat. Comment se prémunir d'une trahison potentielle ? L'extrême contractualisation et juridicisation des rapports nous renseigne sur le fait que nous sommes indéniablement dans une économie de la défiance où il est devenu difficile, voire impossible, de se faire confiance. Au point que nous estimons nécessaire de nous prémunir contre les aléas, contre la forte probabilité du défaut. Alors que dans d'autres espaces, la parole, l'engagement suffisent pour nouer des transactions dont on sait que, dans un temps synchronique ou diachronique, la contrepartie sera rendue, il y aura du contre-don, un retour parfois même augmenté, dans un espace beaucoup plus large et qu'il n'y a pas dans l'expérience plus de raisons pour être *a priori* dans un rapport de défiance.

On peut certes être déçu et se faire avoir, mais la confiance est généralement plus productive, pour parler comme les économistes (sourire).

7

FAIRE CONFIANCE EN SOUFFRANT ?

GG – J'ajouterais quand même un point d'attention. Des collègues économistes ont souligné que nous serions dans une société de la défiance comme tu viens de le dire – ce qui est vrai. Dans le même temps, je crois qu'il faut prendre garde au risque que ce constat ne se transforme en une sorte d'injonction postlibérale paradoxale dans laquelle on demande aux victimes de la marchandisation du monde de continuer à faire confiance aux élites qui les gouvernent. On adresse aux perdants du jeu marchand ce reproche : « vous ne faites pas confiance aux élites ! Certes, vous souffrez, mais patientez un peu, faites-nous donc confiance ! Ça ira mieux demain »

FS – C'est une autre question, celle de la confiance réclamée par les parangons d'un néolibéralisme effréné. Il ne s'agit pas de cela ici.

GG – C'est en tout cas un discours qu'on entend de manière récurrente aujourd'hui. Dans les années 1990, des plans d'ajustement structurel littéralement criminels ont été imposés à l'Afrique subsaharienne en expliquant aux populations : « Faites-nous confiance, ça ira mieux, vous verrez ! D'ailleurs, le PIB commence déjà à frémir. Ça va repartir demain matin… » Même discours pour la Grèce après que son revenu national a été amputé d'un quart en cinq ans et que l'essentiel des services publics a été mis en pièces, tous les aéroports privatisés, un bout du port du Pirée vendu à un armateur chinois, une île vendue à un Allemand… Beaucoup d'économistes cèdent en cela à une tentation d'injonction moralisante. Rien ne ressemble plus à un prêche dominical stéréotypé qu'une conférence faite par un économiste *mainstream* au sujet d'un pays en difficulté : on décrit ses vices et ses péchés, puis les efforts qu'il a tout de même consentis, tout en remarquant que la discipline n'est pas assez rigoureuse. Qu'il risque l'enfer de l'ajustement structurel s'il continue à céder à ses mauvais penchants (consommer trop, ne pas exporter au Nord, ne pas travailler assez dur, ne pas être suffisamment « innovant », etc.). Même chose à propos de la résilience, par exemple. On demande aux pauvres…

FS –… d'être résilients, ce qui signifie accroître sa capacité à absorber et à se relever des chocs. C'est différent de la dévulnérabilité.

GG – Et on leur demande surtout d'être résilients par rapport à des désastres climatiques et écologiques dont ils ne sont pas responsables…

FS – Par conséquent, on attend d'eux qu'ils acceptent et fassent avec une situation qui leur est préjudiciable – et dont ils ne sont pas responsables, répétons-le ! – au prétexte d'une confiance qui n'est pas méritée.

GG – Une fois admit ce bémol de l'argument moralisateur, je suis d'accord avec toi sur les relations de défiance et de confiance. En fait, cela rejoint l'une des grandes leçons relevées par Paul Ricœur : une forme de logique d'équivalence structure nombre de relations, marchandes notamment. Mais elle est fondée elle-même sur une tout autre logique, de surabondance cette fois, qui est la générosité gratuite dans l'hospitalité de la *Téranga* dont tu parlais à l'instant. Hospitalité qui trouve sa racine aussi bien dans la finitude de la Terre, comme nous dit Kant, que dans l'Évangile. Elle est la première expérience fondatrice à partir de laquelle je peux m'engager dans une logique d'équivalence. Après tout, le nouveau-né fait l'expérience de l'hospitalité d'une femme qui l'accueille dans son ventre. Cet élémentaire, du reste, ne va pas toujours de soi. En tout cas, la surabondance ne peut jamais se déduire de l'équivalence ! Aussi, une illusion apparaît, notamment dans l'imaginaire néoclassique, qui consiste à croire que c'est parce qu'on peut entretenir des relations structurées par une logique d'équivalence de type marchand qu'on peut ensuite entrer dans une logique de générosité gratuite, de surabondance et d'hospitalité. C'est le contraire !

FS – Et j'irais même un peu plus loin en disant que l'économie néoclassique a produit une anthropologie qui arrange son projet. C'est-à-dire, toute cette culture de l'*homo economicus*, l'*homo* comme être essentiellement égoïste, l'*homo* optimisateur, et toute cette littérature sur l'omniprésence du temps présent, selon laquelle il n'y a pas d'ailleurs, pas d'outre-tombe. Il n'y a pas d'autres espaces, donc il faut jouir ici et maintenant. Cette anthropologie de l'*homo* égoïste sert le projet qu'elle a elle-même formé. Michel Terestchenko a écrit un ouvrage lumineux intitulé *Un si fragile vernis d'humanité*[1], où il se penche sur le fait que, pendant les épisodes concentrationnaires, durant la Shoah, des hommes et des femmes ont pris des risques et sont devenus des justes ; mais qu'est-ce qui les avait motivés, à l'origine ? Était-ce un égoïsme ? Un altruisme ? Est-ce que l'altruisme existe véritablement, d'ailleurs ? Il interrogeait donc toutes ces catégories qui nient l'altruisme fondamental en faisant de celui-ci une rationalité tournée vers des fins d'autoglorification narcissique, comme s'il y avait toujours quelque chose derrière le geste altruiste. Même si c'est inconscient, ce geste ne serait pas gratuit, il n'est pas pur. Or, cette anthropologie sert le projet de l'économie néolibérale. En effet, si on convainc les hommes qu'ils sont naturellement

1. Michel Terestchenko, *Un si fragile vernis d'humanité. Banalité du mal, banalité du bien*, éd. La Découverte, 2007.

égoïstes, que les gestes altruistes se fondent toujours sur un soubassement optimisateur individuel, etc., et si on les convainc que tout se joue « ici », on en conclut qu'il faut défendre ses intérêts privés à tout prix, et le projet néolibéral fonctionne. La fable des abeilles de Mandeville[1], la main invisible de Smith, etc., sont alors reçues positivement. Malgré tout, ne tombons pas dans un angélisme facile. Pour Blaise Pascal, l'homme n'est ni ange ni démon, mais le malheur veut que qui veut faire l'ange fait la bête[2]. Il faut donc remettre en avant la complexité anthropologique. C'est ce qu'enseignent les histoires extraordinaires du Rwanda postgénocide. L'humain est habité de multiples possibilités, des plus obscures aux plus lumineuses. Soyons attentifs à ce qu'un ordre économique ne vienne pas nous convaincre d'une anthropologie qui sert uniquement son projet.

---

1. Publiée en Angleterre en 1714 pour la première fois, cette fable compare le pays à une ruche où les vices de chaque « abeille » cherchant à accroître sa richesse ou son plaisir individuel engendrent la prospérité de la communauté. Par exemple, le vice du libertin permet à des tailleurs de costumes de vivre…

2. Blaise Pascal, *Pensées*, éd. Flammarion, 2015 (première édition 1669).

GG – Autrement dit, une partie de l'anthropologie néoclassique fait une relecture complètement perverse, en termes d'héroïsme narcissique, de la générosité vraie. Ceci n'est permis que parce qu'elle s'appuie sur le paradoxe insoutenable d'une hospitalité à la fois nécessaire et impossible. Hospitalité nécessaire à cause de tout ce qu'on vient de dire : il n'y a pas de relation humaine, pas d'humanité, sans une ouverture de soi à l'altérité gratuite, hospitalière, sans garantie, avec tous les risques et périls que cela implique et dont témoigne la proximité linguistique latine de *hostis et hospes*, l'hôte et l'ennemi. Mais dans le même temps, cette hospitalité est toujours conditionnée, limitée par ma culture, ma langue, les conditions sociales dans lesquelles je suis investi. Donc elle ne peut jamais être absolue, alors que, comme le pardon, elle a vocation à l'être. Par conséquent, tout le monde fait plus ou moins l'expérience de ce paradoxe, abondamment développé par Derrida. Ce que je voudrais faire, dit saint Paul, je ne le fais pas, et ce que je ne voudrais pas faire, je le fais (*Romains* 7,19) ! C'est dans cette faille que vient s'introduire le serpent néoclassique : « c'est donc bien la preuve, siffle-t-il, qu'elle est impossible, votre hospitalité. *There is no such thing as a free lunch*[1] ! En définitive, l'homme est un loup pour l'homme, il est une machine de guerre contre lui-même et contre les autres. La seule relation qu'il peut entretenir avec autrui est une relation intéressée, calculatoire, stratégique ». Certains économistes se lancent même dans des relectures biaisées de leur propre histoire : ils prétendent trouver dans la scolastique de l'école de Salamanque[2], au XVIe siècle, les prémices d'une théorie de l'économie de marché – y compris chez un jésuite comme Léonard Lessius. En réalité, la scolastique est demeurée largement tributaire de ses racines thomistes. Et Thomas d'Aquin n'a jamais écrit l'apologie de la propriété privée et du calcul intéressé que l'on croit parfois discerner dans la *Secunda Secundae*

1. Cet adage populaire anglophone se traduirait en français, par, littéralement « un repas gratuit, ça n'existe pas ! », et de façon plus usuelle par « on n'a rien sans rien ».

2. Joseph Schumpeter, en particulier, a cru identifier dans une « école de Salamanque » liée à la seconde scolastique espagnole du XVIe siècle, les premières formulations d'un mode de fixation du prix qui serait l'ancêtre des prix de marché contemporains. Il s'agissait surtout, pour ces théologiens de critiquer la manipulation des prix opérée par les rois en vue de financer la guerre.

de la *Somme théologique*: le droit naturel, pour Thomas, c'est celui des biens communs, du partage, de la destination universelle de la création[1]. « Dieu fait briller son soleil sur tous » nous dit Matthieu (Matthieu 5,45). La propriété privée n'est qu'une concession faite à l'humanité, historiquement située dans le droit positif. De la même manière, beaucoup d'économistes s'imaginent trouver chez John Stuart Mill un père de l'utilitarisme tel que nous l'entendons à présent : le cauchemar d'une philosophie de l'existence où toutes nos relations seraient absorbées dans le calcul intéressé. Or Mill est celui qui place la Règle d'Or évangélique au cœur de toute relation sociale ! « Tout ce que vous voudriez que les autres fassent pour vous-mêmes, faites-le pour eux » (Matthieu 7,12 et Luc 6,31). Cette « règle » est fondatrice de l'éthique telle que la comprennent les Évangiles. Comme l'ont montré à la fois Ricœur et Theobald, l'impératif catégorique kantien et la règle de réciprocité la plus élémentaire dans nos relations trouvent leur formulation ici. Mais c'est une réciprocité sans calcul, sans équivalence : « *tout* ce que vous voudriez... ». Le champ ouvert du désir (fragile) est infini...

1. Gaël Giraud, *Composer un monde en commun, op. cit.*

FS – Oui, et nous sommes dans un temps où il est plus qu'urgent que la pensée philosophique et éthique de l'économie reprenne sa place, où les philosophies morales qui ont été évacuées du corpus des facultés d'économie devraient de nouveau être enseignées.

GG – Adam Smith était un professeur de morale écossais autant qu'un économiste, par exemple…

FS – Voilà ! Et ce n'est sans doute pas un hasard si l'une des innovations en économie les plus intéressantes de ces dernières années, le débat sur les capabilités par exemple, vient d'économistes-philosophes tels qu'Amartya Sen. De nouveau se pose la question du cloisonnement des disciplines et de leur *ensourcement*. Je veux dire par là que nous avons une discipline qui s'est détachée de son projet éthique initial et qui s'est réduite à un ordre mathématisé, formalisé, devenant par conséquent un ordre insensé. Pourquoi ne pas irriguer à nouveau la discipline avec une réflexion éthique, avec de la philosophie morale, puis l'articuler avec les fins des sociétés humaines ? De fait, elle ne peut pas être isolée du reste ou en position de surplomb. Il faut la réenchâsser !

GG – C'est d'autant plus vrai que laisser impensée sa propre origine éthique – et on pourrait dire théologico-politique – conduit l'économie néoclassique d'aujourd'hui à sombrer dans un délire moralisant, de théologie vulgaire. J'ai comparé les prêches de certains économistes contemporains à de mauvais sermons dominicaux. Il faut bien se rendre compte que les fondements scientifiques de ce qu'ils préconisent n'existent pas. Par exemple, aucun économiste néoclassique n'est capable d'expliquer pourquoi le PIB augmente ou baisse. Dans les années 1970, Robert Solow a testé le pouvoir explicatif des deux « intrants » que considère traditionnellement l'économie néoclassique : le capital et le travail. Il s'est alors rendu compte que ce couple n'expliquait que 40 % de la croissance du PIB des États-Unis durant les Trente Glorieuses. Qu'a-t-il fait ? Il a simplement « baptisé » le reste – 60 % ! –, « progrès technique » ou « *total factor productivity* » en anglais. Depuis lors, qu'avons-nous fait ? Des tentatives ont été menées, notamment par Joseph Stiglitz, pour adjoindre les ressources naturelles à la dualité capital-travail. Mais cela bouleversait tellement le cadre conceptuel néoclassique que cette voie a été abandonnée. De sorte que nous ne sommes pas plus avancés actuellement.

Le PIB est comme un mantra magique qui sert à imposer un contrôle sur le comportement des personnes, en moralisant nos relations économiques, sur un thème culpabilisateur : « si vous ne faites pas cela, vous ne contribuez pas à la prospérité » ou bien « si vous ne payez pas vos dettes, vous êtes de mauvais citoyens ». Pourtant, celui qui formule ce type d'injonctions n'a aucune idée des raisons pour lesquelles davantage d'épargne, par exemple, pourrait contribuer à la prospérité. C'est même exactement le contraire dans le régime déflationniste où se trouve maintenant l'Occident. Donc je suis persuadé qu'il faut rouvrir le soubassement éthique de l'économie et mettre fin à ce discours moralisant qui joue sur la culpabilité des citoyens pour faire accepter des politiques publiques inacceptables, comme celle que nous avons imposée à la Grèce. Je pense à un discours très frappant de Tommaso Padoa-Schioppa, l'ancien commissaire européen. En 2004, à une époque où, en apparence tout au moins, la zone euro allait très bien, Padoa-Schioppa publie un article[1] dans la torpeur de l'été pour dire en substance : « Les Européens croient que tout va bien. Mais en réalité, il va falloir qu'ils souffrent, parce qu'il n'y a pas de prospérité possible sans souffrance ». C'est très impressionnant ! Un moralisme doloriste plus ou moins conscient est présent dans le projet européen, dès le début du XXIe siècle, qui lui donne une couleur délirante. Ce qu'on a fait subir aux Grecs à partir de 2010 en porte le flagrant témoignage. On a mis ce dogme en œuvre : « Il faut souffrir pour mériter d'être Européen », c'est-à-dire d'être rhéno-flamand…

La tragédie grecque est, à cet égard, tristement exemplaire : le plan d'ajustement structurel imposé par la Troïka relève typiquement de la vision cybernétique ou « cockpitiste » d'économistes, de hauts fonctionnaires et de politiciens sincèrement convaincus qu'ils peuvent diriger une économie comme on pilote un avion. La souffrance sociale inouïe infligée aux citoyens européens de Grèce l'a été en pure perte car le ratio dette publique/PIB est en 2021 supérieur au niveau qui était le sien en 2010 : 181 % en 2018

1. Tommaso Padoa-Schioppa, « Il carattere dell'Europa », *Corriere della Sera*, 22 juin 2004.

contre 146 % en 2010 et 172 % en 2011. Non seulement ce ratio n'a pas diminué – alors que toute la politique d'austérité imposée par Bruxelles, Francfort et Washington était destinée à le faire baisser de gré ou de force – mais il a même augmenté. Et ce, en dépit de l'annulation de 25 % de la dette publique grecque en 2012. Cela révèle le mensonge des prétendues évidences avec lesquelles le *diktat* de l'austérité budgétaire est répété à l'envi : « nous vivons au-dessus de nos moyens », etc. Ce discours, qui fait de nouveau florès de nos jours avec l'envolée des dettes publiques liée à la gestion de la pandémie, est construit sur une erreur analytique élémentaire. Elle consiste à confondre la gestion de l'État avec celle d'un ménage (il faut payer ses factures, etc.), et masque, sous les oripeaux d'une moralité non questionnée, un projet d'asservissement, somme toute banal, de la Grèce. Projet dont la violence a peut-être été facilitée par la séparation symbolico-religieuse entre le monde latin et celui de l'Empire byzantin. Projet, donc, qui plonge loin ses racines et notamment dans la colonisation.

8
LA BLESSURE D'ÊTRE HUMAIN

FS – En repensant le projet colonial, on peut remonter à ce moment où la Modernité occidentale a objectivé le réel et la nature. Cette dernière est devenue un objet sur lequel on peut agir. On peut la transformer. On peut l'exploiter. Mais la conséquence est qu'on peut aussi objectiver l'Autre dès lors que l'on considère qu'il ne relève pas de notre commune humanité. Donc on crée des disciplines, l'ethnologie et l'anthropologie, où l'Autre, ses mœurs et ses us sont des objets que l'on étudie avec ses propres catégories, parfois que l'on caricature, car le saisissant très imparfaitement. Et une fois qu'on a saisi les caractéristiques principales de l'Autre, pense-t-on, on peut le transformer. Ainsi s'ouvre la voie au colonialisme après l'esclavage. Le capitalisme s'est fondé sur une exploitation de l'Autre, l'appropriation de sa force de travail et des richesses qui en découlent a été essentielle à son développement et à son expansion. La grande accumulation de richesses qui se forme à ce moment aurait été impossible sans les conditions de la servilité. La philosophe française Séverine Kodjo-Grandvaux défend une thèse intéressante, sans doute inspirée de Freud[1]. Selon elle, la révolution copernicienne est à l'origine d'une blessure narcissique qui est fondatrice pour l'homme occidental : il n'est plus le centre de l'univers, dans un système géocentrique, la Terre n'est qu'une planète éloignée dans une banlieue, etc. Partant de cette blessure narcissique, cet homme a voulu se remettre au centre de l'univers en soumettant le reste du vivant au service exclusif de son profit. Il colonise les terres, les vivants et exploite tout ce qu'il peut réduire en objet. C'est ainsi qu'il forge le terme d'« environnement », pour désigner ce qui environne l'Homme, sans voir qu'il appartient à une totalité, mais au contraire pour montrer qu'il est un élément distinct et que tout se structure autour. Sa réalité est pourtant cosmique, note Séverine Kodjo-Grandvaux. Elle n'est même pas terrienne. Son écologie véritable, ce n'est pas la Terre, ce n'est pas Gaïa, mais le cosmos. Ainsi,

---

1. Sigmund Freud évoque en effet les trois blessures narcissiques de l'humanité (« *die drei schwere Kränkungen* ») dans *Une difficulté de la psychanalyse*, éd. Gallimard, 1989, (première édition 1917).

en se remettant au centre pour répondre à cette blessure narcissique, il objective la nature et il objective l'Autre. Il crée l'altérité. Puis, il déploie sur eux une raison instrumentale. Il faudrait sans doute revenir sur ce point, pour redonner à l'homme sa juste place, pour qu'il accepte d'être dans le cosmos un élément en interaction d'égal à égal avec le reste du vivant. Pour parvenir à ne plus concevoir la nature comme foncièrement distincte de la culture – selon la théorie de l'anthropologue Philippe Descola, dans *Par-delà nature et culture*[1] – comme le fait toute une tradition occidentale, mais considérer que l'homme est un existant et qu'il y a des communautés d'existants avec lesquels il est en relation. Il a bien sûr sa spécificité. Il ne s'agit pas de flouter toutes les frontières entre l'humanité et l'animalité. Non ! L'existant est multiple. Mais ce fondement psychologique doit être retravaillé. Quelle est notre place ? Et quelle place faut-il se ménager avec les autres existants ? Cela ouvre aussi à la critique d'une interprétation actuelle de l'écologie lorsqu'elle se centre principalement sur les

1. Philippe Descola, *Par-delà nature et culture*, éd. Gallimard, 2005.

problèmes des humains (et surtout de l'humain occidental), dans laquelle se perçoit toujours la centralité de l'*anthropos,* comme s'il était impossible de se départir de cette place centrale que l'on veut tenir depuis si longtemps. Dans le même temps, comment accepter notre singularité ? Nous en avons bien une, mais il faut considérer aussi que nous appartenons à une totalité et que peut-être le foyer originel est le cosmos. Il est donc essentiel de réfléchir à nouveau à la place qu'on y occupe et aux relations qu'on articule avec les différentes composantes de cette totalité-là, de laquelle nous ne pouvons pas nous extraire. Je pense même au désir de s'extraire des conditions biologiques de la vie humaine – cela va jusque-là ! On veut sortir, s'extraire de la terre, de ses contraintes. On veut aller coloniser Mars, la « terraformer ».

GG – Tu as exprimé beaucoup de choses sur lesquelles je voudrais revenir lentement, pour les déplier doucement... Permets-moi de remonter un tout petit peu le fil de ton propos. Tu dis que dans l'institution même de la discipline anthropologique, on objective l'Autre – et je suis entièrement d'accord. Il faut donc pouvoir revenir sur ce travail symbolique qui a déjà été effectué et en interroger le soubassement. Finalement, même des textes fondateurs comme l'*Essai sur le don*[1] de Marcel Mauss demandent à être relus et questionnés aujourd'hui parce qu'il n'est pas clair du tout que la catégorie première de la relation humaine soit vraiment le don et le contre-don, plutôt que quelque chose de l'ordre du partage dans l'hospitalité. L'*ukama*, ou fait d'être relié, relation, dans la langue *shona* (l'une des langues officielles bantoues), ce n'est peut-être pas d'abord le don et le contre-don, mais bel et bien le partage, parce que tout est relation. La première logique ressortit à des régimes d'équivalence. La seconde, à la gratuité de la surabondance. Don et contre-don peuvent être relus – et ils le sont volontiers – comme ce qui est fondateur dans la relation marchande et dans la relation entre un débiteur et son créancier.

FS – Je suis entièrement d'accord. Lévi-Strauss et Bourdieu ont relu ce texte de Mauss et en concluent que l'objet d'étude véritable n'est pas le don, mais la relation d'échange et qu'il fallait

1. Marcel Mauss, *Essai sur le don*, éd. PUF, 1973 (première édition 1924).

considérer le don ou le contre-don comme un moment de cette relation d'échange. C'est elle qui précède, structure et détermine l'acte de donner. Bien que le don se vive subjectivement comme gratuit et gracieux n'appelant pas de retour, il sera payé après un intervalle de temps par un contre-don qui peut s'actualiser plusieurs générations plus tard. Par ailleurs, le don doit se voir plus comme le résultat d'une disposition à donner, un *habitus*, résultant d'un travail social relevant d'une conscience de l'action que le résultat d'une théorie de l'action fondée sur la rationalité pure.

GG – Fondée sur l'anthropologie économique, en effet. Encore que je ne sois pas sûr de souscrire à ce déterminisme qui semble caractériser la manière dont Bourdieu comprenait les relations sociales et, en particulier, l'influence de l'*habitus*. Entre le Bourdieu qui raille l'idéalisme petit-bourgeois de Sartre[1] et le Sartre de la *Critique de*

1. À propos de la figure de l'intellectuel que Sartre aurait mis en scène : « professionnel voué à l'illusion de la "conscience sans inertie", sans passé et sans extérieur, il dote tous les sujets auxquels il accepte de s'identifier – c'est-à-dire à peu près exclusivement le peuple projectif qui naît de cette identification de sa propre expérience vécue de sujet pur, sans attaches ni racines », Pierre Bourdieu, *Le Sens pratique*, p. 77, éd. Minuit, 1980.

la raison dialectique[1], je ne donnerais pas forcément raison au premier. Dans quel îlot de liberté le sociologue Bourdieu s'est-il lui-même retranché pour pouvoir objectiver l'inertie de l'*habitus* censée nous paralyser tous ?

FS – Je n'ai pas le sentiment que Bourdieu fait de l'*habitus* un déterminisme absolu. Il complique l'explication fondée sur la rationalité instrumentale de l'*homo economicus* opérant des choix conscients optimisés. Il en révèle la part relevant de l'inconscient ainsi que des dispositions qu'un long *habitus* et des pratiques sociales inscrivent en nous. Ainsi que l'importance des univers économiques dans lesquels nous agissons qui sont, eux, des produits historiques. Être élevé dans une économie des biens symboliques affecte nos comportements et actions économiques.

GG – On sait maintenant, notamment avec David Graeber, que la dette est aussi ce qui légitime l'esclavage, lieu institutionnel à partir duquel j'objective l'Autre[2]. Le maître considère

1. Jean-Paul Sartre, *Critique de la raison dialectique*, éd. Gallimard, 1960.

2. David Graeber, *Dette, 5000 ans d'histoire*, éd. Les Liens qui libèrent, 2013.

que son esclave est un objet au même titre que n'importe quel objet inanimé. Voilà un des lieux, disons matriciels, du concept même de propriété privée : la relation d'exclusion qu'instaure la propriété privée entre une chose et son propriétaire pourrait bien avoir pour origine la relation d'exclusion d'un maître et de son esclave. Or, l'Occident est engagé depuis deux générations dans un grand projet (postlibéral), une utopie mortifère de privatisation intégrale du monde et de réduction de toute ressource à un capital (le capital financier, industriel, « humain », environnemental...), et donc de réification de la totalité des Autres, du vivant, etc. Même l'anthropologie, y compris celle que nous aimons le plus – en fait même celle de Mauss –, exige d'être réévaluée. Malheureusement, elle est suffisamment ambiguë pour prêter le flanc à la confusion et à une récupération par la logique marchande, de sorte que certains tentent d'y voir une source d'alimentation de leur projet terrifiant de capitalisation du monde. Donc il est tout à fait juste d'estimer avec toi que l'esclavage est l'impensé d'une réussite apparente du capitalisme ! Adam Smith a appris l'économie en discutant avec des commerçants écossais dont la prospérité venait essentiellement de l'esclavage, de sorte que – je traite le sujet dans *Illusion financière*[1] – si la main invisible d'Adam Smith est invisible, c'est parce qu'elle est noire.

Tu as fait suivre cette réflexion sur l'esclavage d'une autre sur le rapport aux non-humains et au cosmos. Certes, il s'agit de renoncer à une vision anthropocentrique du monde – je suis complètement d'accord avec toi sur ce point. La blessure narcissique dont tu parlais, infligée par Galilée à la science médiévale, doit être maintenue brûlante maintenant encore. Les climatosceptiques et les économistes qui adhèrent à la théorie néoclassique, pour partie, sont comparables à ceux qui, face à l'évidence empirique mise en avant par Kepler, continuaient d'adhérer au géocentrisme ptolémaïque… Ils ressemblent au Danois Tycho Brahe[2]… Ils n'arrivent pas à croire ce que nous savons au sujet des conséquences catastrophiques du réchauffement et de la destruction de la

1. Gaël Giraud, *Illusion financière*, éd. l'Atelier, 2013.

2. L'astronome Tycho Brahe (1546-1601) admirait le travail de Copernic mais plutôt que d'admettre qu'il avait raison, fonda une théorie mixant ses propres croyance et le travail de Copernic : la Terre reste au centre de l'univers, immobile, le soleil tourne autour d'elle et les autres planètent tournent également, entraînée par la force du soleil…

biodiversité. Le renoncement à cet anthropocentrisme doit probablement nous inviter, du reste, à étendre la liste des interlocuteurs convoqués à la table des délibérations de Habermas ou de Rawls : il n'y a pas que les mâles européens éduqués, mais aussi les non européens, les femmes, les enfants, les personnes handicapées, les générations passées, les générations à venir, les animaux, le monde végétal, minéral… Comment discute-t-on avec tout ce « monde » ? Il faudrait étendre le concept derridien de carno-phallogocentrisme en carno-phallogo-anthropocentrisme, qui dénonce ceci : la violence et l'injustice que nous autres – mâles blancs urbains prétendument rationnels – infligeons aux anciens colonisés, aux femmes et aux animaux dont nous mangeons la chair. C'est cette violence que les institutions européennes sont capables d'infliger aux Grecs que nous sommes aussi capables d'administrer aux humains qui ne sont pas encore nés et à toute la Création.

Dans le même temps, le cosmos lui-même reste un concept grec, qui suppose un monde organisé, dans lequel une ontologie fixe les rapports entre les êtres, en tout cas selon Platon. Dans le concept grec de cosmos, y a-t-il une place pour l'incomplétude du désir ?

FS – C'est le problème de la terminologie, effectivement, parce que le cosmos est le chaos organisé. Mais dans l'entendement actuel, dans une vision cosmologiste, le cosmos nous renvoie à un espace créatif ; on est dans un espace en mouvement…

GG – À condition de subvertir le concept même de cosmos et d'aller plus loin que ce dont nous héritons des penseurs grecs. C'est peut-être tout l'enjeu de ce que propose Eduardo Viveiros de Castro[1], dans une sorte de réécriture des catégories fondatrices de Philippe Descola, qui conduit aussi à leur renversement. Descola structure les différentes « cultures » par lesquelles des collectifs humains voient le monde à travers quatre grands schèmes organisateurs. Le naturalisme, d'abord – qui caractérise l'Occident moderne –, prétend que l'humain se distingue dans l'ensemble du règne du vivant par son intériorité, son âme si l'on veut, tandis qu'il partage avec les jaguars et les fourmis une physicalité commune. J'ai toutes les raisons de penser que si cette ontologie, bien qu'elle n'ait rien de chrétien, est née

1. Eduardo Viveiros de Castro, *Métaphysiques cannibales. Lignes d'anthropologie post-structurale*, éd. PUF, 2009.

en Occident et là uniquement, ce n'est pas par hasard. L'animisme, ensuite, de la plupart des tribus autochtones d'Amazonie (que Bolsanaro entend tout simplement exterminer) veut que l'intériorité « spirituelle » ne soit pas propre aux humains mais soit partagée avec des étants non humains, tandis que ce qui les sépare relève de la physicalité. La césure entre « humains » et « inhumains » ne passe plus par l'intériorité mais, au contraire, par la physicalité. Le totémisme des aborigènes d'Australie, lui, postule qu'il y a des groupes privilégiés d'humains et de non-humains qui partagent une même intériorité et physicalité. Ainsi une tribu s'identifie-t-elle à son totem. Enfin, l'analogisme – qui caractérisait aussi bien l'Europe médiévale que la Chine impériale et les populations originaires d'Hawaï – voit le monde comme constitué d'une myriade d'étants séparés les uns des autres tant sur le plan de l'intériorité que sur celui de la physicalité, et reliés entre eux par voie analogique.

Or, prétend de Castro, cette partition relève encore d'une forme implicite de naturalisme – ce que, je crois, Descola reconnaît volontiers. Il y a un seul monde, un seul Réel, et plusieurs fenêtres sur le monde, une par ontologie. Les peuples autochtones d'Amazonie servent d'exemple fondateur à l'anthropologue brésilien pour suggérer une tout autre manière de considérer les choses : il y aurait, désormais, plusieurs univers, plusieurs mondes, plusieurs Réels. Nous instaurerions tous une césure entre « l'humain » et ce qui n'est pas lui : voilà le réel. Simplement, chaque collectif humain ferait passer la césure à des endroits différents. Quand les Makuna, ce peuple autochtone d'Amazonie, par exemple, disent que les tapirs se peignent au roucou pour danser et que les pécaris jouent de la trompe durant leurs rituels, ou lorsque les Wari' de Bolivie prétendent que le pécari fait de la bière de maïs et que le jaguar ramène sa proie à la maison afin que son épouse la cuisine, ce ne seraient des métaphores que pour le naturaliste occidental. Et ce ne serait une expression animiste qu'aux yeux de ce même naturalisme occidental. La réalité serait la suivante, suggère de Castro : ce que nous, « humains » entendons par « faire la cuisine » n'est peut-être qu'une analogie avec ce qui consiste réellement à faire la cuisine, à savoir ce que fait le jaguar femelle ! Pour qui nous sommes de vulgaires pécaris qui n'avons qu'une vague notion de ce que signifie « faire la cuisine »...

FS – La question de l'ontologie dichotomique me semble être une caractéristique que l'Occident a endossée à un moment précis de son histoire. Dans beaucoup de cultures africaines traditionnelles, les collectifs d'existants forment des sociétés, cohabitent, entretiennent des rapports de sociabilité, de réciprocité, de négociation, de conflits avec les autres collectifs d'existants. Le chasseur de lamantins s'adresse à ces derniers avant de les chasser, s'excuse auprès d'eux de devoir le faire, n'en chasse que le strict nécessaire et fait des offrandes pour compenser la violence qu'il leur inflige. La plupart des caractéristiques prêtées aux humains le sont aussi aux autres collectifs d'existants. Par ailleurs, l'ontologie est relationnelle et les identités ne sont pas figées. Elles sont métamorphiques. On peut passer de l'humanité à l'animalité et inversement. La physicalité est plastique et transitoire. C'est un type de rapport que nous avons peu à peu oublié avec l'urbanité croissante et la modernité sociétale. Une amnésie des modalités relationnelles construites avec le vivant sur une longue durée.

9
UNE ÉCONOMIE DE LA DISSIPATION ?

FS – C'est la grande difficulté de penser avec des catégories qui ont une généalogie sans prendre en compte ni penser cette généalogie-là dans le discours.

GG – Je trouve fascinant qu'en physique, par exemple, on soit en train de le découvrir, comme le met en évidence l'impasse dans laquelle est enfermée la physique des particules.

FS – Tout à fait.

GG – La théorie des cordes et des supersymétries[1] est-elle capable en 2021 de faire la moindre prédiction empirique que nous aurions les moyens de tester expérimentalement, disons,

1. Théories appartenant au domaine de la physique quantique, qui s'intéresse aux lois régissant les particules et qui propose un modèle différent de la théorie de la relativité. Les théories des cordes et des supersymétries pourraient expliquer l'intégralité des forces et des formes de la matière. Toutefois, à l'heure où ce livre est rédigé, elles sont encore à l'état de théories hypothétiques depuis leur formulation dans les années 1970.

d'ici la fin de vie de la génération actuelle de chercheurs en physique théorique ? De plus en plus de physiciens-théoriciens en doutent. En économie, si elle n'était pas intrinsèquement incohérente, je dirais que la théorie néoclassique joue un rôle analogue à celui de la théorie des cordes : une représentation métaphysique impossible à tester empiriquement à vue humaine, et qui occupe une sorte de monopole dans la recherche et les publications scientifiques nord-américaines, monopole néfaste pour la santé intellectuelle de tout le monde… Mais l'immense différence entre la théorie néoclassique et les milliers de théories des cordes possibles, c'est que la première est truffée d'erreurs analytiques et de conclusions réfutées par l'expérience. Prenons par exemple l'idée que la monnaie pourrait être neutre, c'est-à-dire que la quantité de monnaie en circulation n'affecte les grandeurs macroéconomiques que par la fixation du niveau général des prix et des salaires. Cette idée a été battue en brèche par toutes les études empiriques qui lui ont été consacrées. La théorie néoclassique continue en dépis de tout bon sens d'affirmer que « tout se passe comme si la monnaie était neutre » !

FS – Non seulement se pose un problème de validation empirique de ces schémas, mais nous oublions qu'un modèle théorique est une idéalisation galiléenne. C'est un contre-factuel qui fixe le mouvement de tous les autres paramètres : la fameuse clause du *ceteris paribus* (toute chose égale par ailleurs), qui permet d'analyser l'impact de l'évolution d'une variable si les autres restent figées. Pour comprendre la dynamique d'une variable et son impact, on fait « comme si ». L'usage du modèle est abductif, il permet de comprendre la capacité d'une variable en neutralisant les effets des autres. Beaucoup de modèles de l'économie néoclassique sont des insularités. Ajoutée à cela, la confusion surgit quand, dans l'explication des pratiques économiques, on fait comme si les agents économiques fondaient leurs actions sur les modèles construits par les théoriciens, qui sont censés rendre compte de leurs pratiques. L'économie théorique ne s'est toujours pas défaite de son désir d'être une science physique avec ses lois, son nomocentrisme et sa vectorialité.

GG – Bien sûr, la différence entre l'économie et la physique théorique est que si, demain, un groupe de physiciens s'amusait à prétendre juste l'une des théories des cordes qui ont été falsifiées par l'expérience, cela n'aurait pas de conséquence politique immédiate. En revanche, si demain les économistes néoclassiques reconnaissaient que la monnaie n'est jamais neutre, alors il faudrait se dépêcher de remettre en cause le dogme ordolibéral de l'indépendance de la Banque centrale européenne. Car, outre que l'indépendance de la Banque centrale européenne ne trompe personne (puisque Francfort est en réalité inféodée aux intérêts politiques allemands et, en second lieu, au secteur bancaire européen privé), elle n'a de sens que si la politique monétaire n'interagit aucunement avec les politiques budgétaire et fiscale. Autrement dit, uniquement *si* la monnaie est neutre…

FS – Si je prends le cas de la BCEAO, la banque centrale des États d'Afrique de l'Ouest, les pays de l'Union économique et monétaire Ouest-Africaine (UEMOA) qui partagent le Franc CFA, non seulement l'effet de la politique monétaire n'est pas neutre, mais son manque de proactivité due aux contraintes de la zone Franc et à la parité fixe à l'euro coûte à nos économies de la croissance et de l'emploi. Par ailleurs, une personne, le Banquier central, dont les choix ont un tel impact sur la vie de millions d'individus, devrait être soumis à un processus de choix démocratique, à une redevabilité et à un mandat impératif.

GG – À tout le moins, la « panne » dans laquelle semble se trouver une partie de la physique théorique depuis le début des années 1980 est un phénomène inédit depuis deux siècles : trois décennies de recherche en physique théorique ont donné lieu à fort peu d'avancées significatives[1] ! Cela suggère que la crise dans laquelle se trouve l'économie n'est pas propre à l'économie comme discipline universitaire, mais relève d'un phénomène plus vaste : la stérilité scientifique dans laquelle nos sociétés sont enfermées depuis le « tournant postlibéral » des années 1980.

Par contraste avec les différentes théories des cordes dans lesquelles quelques amis physiciens théoriciens semblent s'épuiser depuis trente ans, une autre voie d'exploration me paraît

1. Lee Smolin, *The Trouble with Physics: The Rise of String Theory, the Fall of a Science, and What Comes Next*, éd. Mariner Books, 2007.

extrêmement intéressante. Celle de la thermodynamique hors équilibre[1]. Faisons l'hypothèse que l'univers entier est une immense structure dissipative (au sens du physicien Prigogine)[2]. Cette idée rend de nouveau possible, y compris à l'intérieur de la physique, une représentation ouverte du monde : notre univers admet alors un autre, un ailleurs vers lequel il exporte son entropie. On rouvre les possibles…

FS – Non seulement on rouvre, mais on va même un peu plus loin. Surtout si l'on considère toutes les théories du plurivers et du rebond[3] et

1. La thermodynamie hors équilibre est un système qui n'est pas affecté par l'entropie.

2. Une structure dissipative est une structure ouverte où ont lieu des échanges d'énergie mais aussi de matière avec l'extérieur du système concerné. Ces échanges dissipent l'énergie et, au travers de ces échanges, l'entropie augmente, mais est en même temps échangée et par là, dissipiée. L'augmentation de l'entropie dans un système dissipatif conduit donc à la régulation automatique de la transformation. On se retrouve dans un système circulaire, dans une forme d'équilibre. On se situe donc à l'opposé de la thermodynamie classique. Prigogine (1917-2003) en est le théoricien principal.

3. La théorie du rebond postule que le Big-Bang est une structure « élastique », c'est-à-dire qu'il alterne des phases d'expansion et de contraction, et ainsi infiniment.

de la possibilité même de rebond : c'est-à-dire, contraction, expansion, rebond, contraction, extension, rebond. Cela ouvre des possibilités, pour ainsi dire multiples. Cela ouvre des futurs et ça ne fige plus les possibilités explicatives ! Il est intéressant d'observer, y compris dans ces scénarios thermodynamiciens, relativistes, qu'ils informent nos représentations. Celles-ci relient le microcosme au macrocosme. On observe bien souvent des équivalences dans la manière dont on se représente l'espace de l'infiniment grand, de l'infiniment petit ; dans la manière dont on pense la temporalité, le clos et l'ouvert ; dans la manière dont on pense les lois de la thermodynamique, l'entropie ou la néguentropie. Ce sont des visions que l'on exporte ensuite dans le champ sociétal, dans nos perceptions, dans nos manières de penser la circulation des énergies. Si on enrichit ces représentations du réel dans l'espace beaucoup plus large qu'est l'univers, on peut rapatrier cette ouverture dans des espaces plus réduits. Par conséquent, cela nous ouvre des perspectives qui nous semblaient jusqu'ici impossibles. Cet imaginaire d'une compréhension élargie du monde a donc un impact sur l'imaginaire dans lequel je configure la lecture de mon vécu quotidien. Si j'ai une vision du temps ou de la possibilité des relations énergétiques totalement différente, j'ai une autre lecture de mes systèmes dynamiques qui sont complexes, ouverts ou fermés.

GG – Il est alors permis de penser, en effet, des systèmes où se fait jour de l'émergence ; où le tout n'est pas la somme de ses parties ; où le changement est induit par des dynamiques non linéaires. Autant de concepts qui sont complètement étrangers à la théorie néoclassique actuelle, laquelle est fermée et aveugle à la question de la thermodynamique comme à la complexité, à l'émergence et aux dynamiques non linéaires. Je me souviens d'une discussion avec Valérie Masson-Delmotte, une amie physicienne climatologue, la co-présidente du groupe 1 du GIEC : « Vous, les économistes, me demande-t-elle, ça ne vous dérange pas que vos modèles violent les deux premières lois de la thermodynamique allègrement. Tous les matins, vous vous levez tranquillement avec ça ? » C'est la raison pour laquelle j'ai choisi de travailler, avec d'autres, à cette réécriture de la macroéconomie compatible avec les lois de la thermodynamique.

FS – Ce que tu dis là est extrêmement important, parce que l'économie s'est pensée sur le modèle de la physique classique, plus précisément de la mécanique classique qui est datée, qui depuis a évolué. Comme discipline, elle n'a plus pris le temps de réfléchir à son axiomatique, ou même d'interroger sérieusement ses fondements épistémologiques. Elle n'a pas repensé le modèle de scientificité sur lequel elle s'est fondée, même si elle l'a ajusté à la marge et qu'il faut reconnaître que chez les économistes, des discussions ont cours, notamment sur son hypothèse de rationalité et ses méthodes. Et puis cette physique avait posé ses questions au réel à sa manière ; le réel lui avait répondu et l'économie de l'époque a voulu la mimer. Elle doit interroger la réalité de sa pratique, dans son contexte, et faire théorie de celle-ci.

GG – Léon Walras, ingénieur, savait très bien en 1870 que la mécanique newtonienne classique s'écrit avec des équations différentielles non linéaires. De sorte que, bien que ce qu'il a écrit concerne essentiellement une économie statique, à l'équilibre, il a pris soin de préciser qu'un jour, il faudrait passer à une réécriture dynamique de sa théorie. Sauf que la théorie néoclassique ne l'a pas fait, à de rares exceptions près (auxquelles j'ai moi-même tenté de contribuer). Dans la mesure où cette théorie occupe la majorité de l'espace académique alloué à l'économie, cette dernière est la seule discipline dite scientifique à penser le monde comme un monde purement statique. Un monde à l'équilibre de toujours à toujours. D'ailleurs, cela fait partie des raisons pour lesquelles la théorie néoclassique est incapable de dialoguer avec les autres champs scientifiques qui ont tous fait leur révolution épistémologique et qui, tous, gravitent autour de dynamiques non linéaires – que ce soit en biologie, en génétique, en chimie, en physique, etc. L'économie est la seule à être restée dans un monde purement statique, ptolémaïque.

FS – Figée. Dans une juxtaposition de photographies, de séquences, alors que nous sommes dans des économies du déséquilibre…

GG – Absolument.

FS – Avec des dynamiques de réajustement. À ce propos, il est urgent de repenser les outils de la macroéconomie dans l'enseignement supérieur, dès la première année à l'université, puis en deuxième année. Parce que, depuis plusieurs générations, les étudiants entrent en faculté d'économie et sont instruits avec ce modèle. Ils sont déformés pendant des années, et s'ils sont chanceux, en cinquième année, on introduit un cours d'épistémologie pour leur dire que l'essentiel de ce que nous leur avons enseigné était presque faux, que nous leur avons prodigué une science inexacte, de laquelle découlent des régularités empiriques plutôt que des lois causales. Et même là, on ne va pas trop loin dans la remise en cause, pour maintenir une rente de situation, ou parce que tout simplement le sol se dérobe et ce nouveau chaos sera difficile à vivre pour tout le monde.

Il faudrait cependant des manuels qui reprennent les bases de la macroéconomie. Et surtout, pour nous enseignants, affronter le travail de reconstruction de la discipline en introduisant dès le début de la non-linéarité, de la plurirationalité dans les choix. Nous devrions relativiser les grandes relations comportementales que nous avons fixées entre les variables et surtout, instaurer un dialogue avec les humanités qui doivent innerver l'économie qui est une science humaine et sociale oubliant sa nature.

GG – En effet, il est urgent de réécrire les manuels d'économie. On a réalisé des sondages sur la vision du monde qu'entretiennent les étudiants en économie. Or, on constate que lorsqu'ils arrivent en première année, nos étudiants ont une vision spontanée du monde qui est celle que chacun (non spécialiste) peut avoir et qui est construite à partir d'une expérience implicite de la surabondance, de la générosité. Et puis, au bout de trois ou quatre ans de lavage de cerveau microéconomique, certains de nos étudiants deviennent eux-mêmes « méchants », égoïstes, calculateurs et finissent par ressembler à la fiction de l'*homo economicus*. Ils prennent au mot l'anthropologie qu'on leur inculque de manière normative, évidemment sans exercice critique. J'ai engagé des recherches qui consistent justement à essayer de formuler une réécriture de la macroéconomie de manière à la rendre compatible avec les premières lois de la thermodynamique. Il s'agit de considérer une société, par exemple le Sénégal ou la France, comme une vaste structure dissipative qui prélève des ressources naturelles et l'énergie de son environnement, les métabolise, produit différentes sortes de travail (mécanique, électrique, de la chaleur, etc.) et rejette des déchets. La discussion que nous avons depuis une heure est un « travail », et elle ne pourrait pas avoir lieu sans l'énergie qui nous éclaire ou le calcaire et l'argile qui ont servi à construire le bâtiment de l'Institut des études avancées de Nantes ! Tandis que la chaleur qu'émettent nos corps et les dioxydes de carbone que nous expirons sont des rejets. Cette manière d'appréhender l'économie permet de penser enfin une économie circulaire, capable de pratiquer le recyclage systématique de tout ce qu'elle prélève dans son environnement. Cela nous oblige à considérer une économie comme en perpétuel déséquilibre, ce qui est à présent possible avec la thermodynamique hors équilibre. Ce domaine a connu des avancées profondes grâce notamment à mon ami et collègue Kirone Malik, du Commissariat à l'énergie atomique et aux énergies alternatives. La théorie probabiliste des grandes déviations lui permet en effet de décrire ce qui advient loin de l'équilibre sans devoir en passer par les linéarisations d'Onsager[1]. Tout cela est évidemment aux anti-

1. Lars Onsager est le père de la théorie de réciprocité qui porte son nom et porte sur les lois de la thermodynamique. Essentiellement, il a montré comment des flux (comme la température) et des forces (comme la pression) peuvent influer

podes de la vision statique, désincarnée, sans matière, sans énergie et sans monnaie (ou avec une monnaie neutre !), que véhicule l'économie néoclassique. Pour cette dernière, la prospérité serait simplement l'effet magique de la rencontre du « capital » – c'est-à-dire, croit-elle, d'une masse de dollars car finalement, elle ignore même ce qu'est le capital –, et du travail, un travail désincarné produit par un *homo economicus* qui, en réalité, est un esclave.

FS – En cela, l'économie redevient intéressante comme champ disciplinaire, parce que l'un de ses grands intérêts est d'être en mesure d'absorber ou de se servir d'outils développés par d'autres disciplines.

Il est évident qu'une physique intelligente, une thermodynamique intelligente, nourrissent l'économie ; une anthropologie intelligente nourrit l'économie ; une sociologie, une histoire aussi, puisque les processus s'installent dans

---

les uns sur les autres, comment il sont dans des relations de réciprocité, liées d'une façon mathématiquement régulière et démontrable. Par exemple, quand la pression et la témpérature varient, les différences de pression peuvent modifier les flux de chaleur, et le flux de chaleur par unité d'écart de pression et le flux de densité de matière par unité de température sont égaux.

des temporalités. Peut-être que de ce point de vue, nous sommes au cœur de l'indispensable révolution épistémologique qui doit précéder une révolution sociétale. En général, on réclame du changement, mais on oublie que le temps de la civilisation est un temps long et que ce qui le meut, ce sont d'abord les structures qui produisent la civilisation et ce sont donc d'abord les structures épistémologiques. C'est là qu'il faut un effort considérable pour repenser les catégories, les ouvrir et produire un discours sur le réel qui soit beaucoup plus juste et beaucoup moins anthropocentré que les disciplines devenues des ordres du discours, qui se justifient – comme chez Foucault –, qui ont des processus, des stratagèmes immunisateurs des discours qu'elles produisent. Ces disciplines refusent même de penser le fondement de leur science, de faire une critique épistémologique du lieu d'où elles viennent ; elles n'interrogent pas non plus les présupposés de leurs disciplines, mais se sont imposées comme des ordres normatifs sous couvert d'une scientificité qu'on ne remet pas en question puisque le label scientifique est devenu le grand label, l'argument ultime d'autorité. Ce point qui consiste à ne pas voir l'économie comme un processus culturel est également très critiquable. Il faut plutôt accepter la part de relativité dans ses hypothèses, dans son discours. Et même interroger ce label de scientificité pour le réinstaller dans un discours en mesure de dialoguer avec les autres ordres de discours de manière intelligente et capable.

GG – Ce qui voudrait dire, par exemple, écrire une économie de la *Téranga*, une économie du *buen vivir*, de la *Pachamama*... Tout cela reste encore à faire !

FS – Oui. Sans oublier de montrer que, de toute manière, il n'y a rien de naturel, qu'il s'agit de processus sociaux construits à travers des expériences et que même des opérations comme l'épargne et le crédit, qui nous semblent naturelles, ne le sont pas ! Il n'y a rien d'universel ni d'inné en la matière. Il nous faut donc dénaturaliser les processus économiques, dé-essentialiser, réhistoriciser et par conséquent, installer un espace de possibilités de l'agir économique qui soit un espace ouvert et pluriel, sans renoncer à la tentation ou au désir de comprendre des catégories globales, des invariants, qui existent ou qui existeraient. Mais l'un et le multiple s'entrelacent. Ils s'entre-nourrissent. On oublie qu'unité n'est pas synonyme d'homogénéité. Rendre cette discipline intelligente et pas seulement savante implique de réaliser tout ce travail.

GG – Sachant qu'une interaction à double sens se produit entre les conventions qui régissent notre vie sociale et politique et la dépendance de nos métabolismes économiques aux ressources naturelles. J'ai suggéré plus tôt que le postlibéralisme est l'idéologie du pétrole. C'est le remarquable travail de Timothy Mitchell qui nous a éclairés à ce sujet[1]. Nos idéologies ne flottent pas en l'air et ne sont pas non plus de simples constructions abstraites destinées à justifier une logique économique qui se déploie sans elles. Nos idéologies sont en partie façonnées par le régime énergétique qui est le nôtre et rétroagissent sur lui. Ainsi, le charbon qui s'est ajouté à la biomasse (avec laquelle nous vivons depuis toujours) à partir de la fin du XVIIIe siècle, parce qu'il est très coûteux à transporter, a donné en définitive aux travailleurs un formidable pouvoir de négociation : la grève des mineurs permettait de paralyser l'acheminement d'électricité à une ville. D'où les

1. Timothy Mitchell, *Carbon Democracy: le pouvoir politique à l'ère du pétrole*, éd. La Découverte, 2017.

grandes conquêtes sociales du XIXe siècle jusqu'à l'après-guerre au terme d'un apprentissage parfois sanglant (songeons à la répression de la Commune). Rien de tel avec le pétrole, très facile à transporter. De sorte que les employés de compagnies pétrolières ont perdu presque tout pouvoir de négociation, tandis que la « classe ouvrière » a peu à peu disparu. Ce n'est pas un hasard si Thatcher a imposé son pouvoir et son idéologie – la société n'existe pas, n'existent que des individus isolés, âpres au gain et soumis au darwinisme postlibéral du marché – en écrasant les mineurs anglais. Le postlibéralisme est la reconquête par les rentiers du pouvoir que le charbon leur avait en partie dérobé. Quant aux Trente Glorieuses, elles sont finalement une période assez extraordinaire : celle d'une prospérité inouïe en Occident, rendue possible par la généralisation, grâce au pétrole, de la consommation de masse, accompagnée des structures politiques héritées du charbon et qui ont mis une génération à s'adapter au nouveau régime énergétique[1]. Ce qui explique la forte réduction des inégalités (de revenu et de

1. Gaël Giraud, « Le nihilisme de l'après-pétrole », *Esprit*, mars-avril 2014.

patrimoine, notamment) durant l'après-guerre et leur remontée dès les années 1980. Deux précisions s'imposent. D'une part, bien sûr, il n'y a jamais eu de substitution d'un régime énergétique à un autre, mais uniquement des superpositions : on a continué de brûler du bois alors qu'on brûlait du charbon au XIXe siècle, et la consommation de charbon augmente encore chaque jour, 70 ans après la généralisation de l'or noir. Un changement de régime énergétique s'opère donc par accumulation. Malgré tout, la dernière énergie en date favorise un style de société, avantage telle ou telle partie prenante dans les conflits sociaux – surtout le pétrole, qui est beaucoup plus productif que toutes les autres sources d'énergie que nous connaissions et dont nous ne pouvons absolument plus nous passer pour la mobilité telle que nous la pratiquons de nos jours. Ensuite, il n'y a pas de causalité déterministe entre un régime énergétique et une idéologie : la conversion au charbon de l'industrie britannique au XVIIIe siècle était tout sauf « naturelle ». À l'époque, l'hydraulique restait plus productive que le charbon[1] et

1. Andreas Malm, *L'Anthropocène contre l'histoire : Le réchauffement climatique à l'ère du capital*, éd. La Fabrique, 2017.

si le patronat anglais a fini par miser sur le charbon, c'est sans doute aussi parce que ce dernier permettait de déraciner les paysans affamés (par la guerre menée depuis quatre siècles contre les *commons* avec les enclosures) en les obligeant à se transplanter autour de la mine, loin des liens de solidarité rurale qui faisaient leur force sociale. L'adjonction du charbon aux autres ressources énergétiques d'Ancien Régime est donc aussi, en partie, le résultat d'un choix politique contingent.

10

LE *DAHIJ*

GG – Cela nous renvoie à ce que tu as esquissé tout à l'heure à savoir le faux universel européocentré, le logocentrisme derridien. La question devient : comment fait-on l'expérience de ces invariants ? Nous parlions de la *Téranga.* On pourrait demander ce que signifie l'*ubuntu* dans notre monde. Est-ce que cela peut dialoguer avec le *swaraj* de Gandhi, avec le *buen vivir* d'Amérique du Sud et ses différentes versions originales, par exemple, en quechua ? Dans le même temps, tu montres dans *Dahij*[1] que tout un travail est à faire sur soi-même, un *djihad* intérieur qui consiste précisément à s'ouvrir à l'altérité et à entrer dans ce grand dialogue avec les autres... De manière à réaliser une anthropologie de la *Téranga*, de la relation, en quelque sorte. Ce travail, si je comprends bien, consiste à permettre de révéler la singularité que je suis à moi-même, que je ne connais pas encore, mais qui va se révéler dans l'épaisseur de l'histoire. Comment conjugues-tu la révélation de cette singularité avec les traditions orientales – dont toi-même tu es pratiquant, on pourrait dire ? Elles sont souvent perçues, au moins en Occident depuis la mode orientaliste du XVIIIe siècle, comme une abolition du soi (et de tout désir) dans le grand Tout...

FS – Deux dimensions existent, ici. D'abord, la dimension propre à la signification en elle-même du *djihad*. Rappelons que la racine de ce terme arabe est *jahada*. *Jahada* veut dire « faire un effort ». L'idée sous-jacente dans la culture musulmane qui était alors en train de naître était

1. Felwine Sarr, *Dahij*, éd. L'Arpenteur, 2009.

de faire un effort contre ses propres ombres pour que puissent émerger ses propres lumières. Et dans l'effort, lorsqu'on est attaqué, est impliquée la dimension collective de l'effort fourni en commun pour se défendre. C'est là le « grand *djihad* », le seul véritablement digne d'être mené, par contraste avec le « petit *djihad* », qu'on associe traditionnellement (et médiatiquement) avec les luttes menées contre les ennemis extérieurs de la religion. La tradition musulmane rapporte qu'un jour, alors que le Prophète de l'islam revenait d'une bataille, il aurait dit à ses compagnons : « nous rentrons du petit *djihad*. Allons maintenant vers le grand *djihad* qui est une lutte contre soi-même ». L'histoire de l'expansion de l'islam est passée par là. Toutes les complexités géopolitiques connues jusqu'à ce jour sont devenues synonymes de guerre sainte. Pourtant, même lorsqu'on l'écoute, l'expression « guerre sainte » est composée deux mots, alors que *djihad*, c'est un seul mot. La guerre en arabe se dit *koutila*. Il n'y a pas de guerre sainte. Je veux dire qu'une guerre qui serait « sainte » n'existe pas. Par conséquent, le concept a évolué et l'unique occurrence qui en découle n'était plus que le petit *djihad*. Toutes les traditions mystiques, même des traditions spirituelles tournées vers l'intériorité, contiennent cette exigence de faire effort sur soi, de respecter cette injonction, cette propédeutique, cette pédagogie. Elles nous conduisent à faire un travail sur soi, contre ses résistances psychiques, contre ses obscurcissements intérieurs, pour s'ouvrir à quelque chose de plus vaste, de plus grand ; pour aller au-delà d'un ego étriqué qui souhaite réduire le monde à ses désirs. Il s'agit au contraire de l'ouvrir, de l'élargir. Malheureusement, une mauvaise compréhension est effectivement propagée, qui a considéré que pour cet ego-là, son extinction était une dissolution dans un grand soi, une perte d'individualité, de singularité. Un penseur parfois considéré comme Pakistanais, parfois comme Indien – parce que né avant la séparation de ces deux pays –, un grand penseur, dénommé Iqbal, a formidablement travaillé à reconstruire la pensée religieuse de l'islam : il montre justement que l'ego n'a pas à se dissoudre, mais qu'il lui faut au contraire se réaliser, processus qui a lieu dans l'acte de création. La continuité de l'acte de création est l'ego qui se réalise et qui réalise sa volonté et sa lumière profonde. Il va donc à l'encontre de la passivité et de la dissolution de l'ego, puisque cette dissolution-là (ou ce qu'on nomme comme telle) n'est plus comprise comme une perte de l'individualité, mais comme un accomplissement de ses potentialités lumineuses. Le rapport à la mystique change donc du tout au tout, puisque l'objectif est bien de tracer un chemin individuel dans cette direction. Même si la terminologie est celle de la dissolution, c'est de la dissolution d'un ego en particulier, de l'ego étriqué, qu'il est question. Car quand il se dissout, il laisse place à un espace vaste, un espace qui intègre, qui accueille. Et pour être justement pleinement capable d'accueillir le monde, d'accueillir l'autre, d'accueillir la réalité dans sa complexité, il faut être au-delà du « je veux, je ne veux pas ; j'aime, je n'aime pas », sans quoi on demeure dans un attachement ou une aversion qui réduisent l'être. L'accueil, la possibilité même d'accueillir impliquent d'être au-delà d'une banalité autour de ce que l'ego souhaite ou de ce que l'ego ne souhaite pas. Même la capacité de voir le monde tel qu'il est est touchée ! On ne peut voir que ce qui nous intéresse, que ce qui nous plaît, etc. Cette grande ouverture-là n'a donc rien à voir avec une dissolution. C'est au contraire l'ouverture à une capacité beaucoup plus grande de perception, de relations, d'accueil, qui nous permet en grandissant, comme disait Rilke,[1] de devenir un monde. Or pour devenir un monde, il faut ouvrir l'ego. D'où le terme d'ouverture, qui est peut-être beaucoup plus juste que le terme de dissolution, parce que ce qu'on dissout, c'est le soi étriqué, le petit soi. C'est la condition *sine qua non* pour s'ouvrir à quelque chose de beaucoup plus vaste. Un ami ayant lu *Afrotopia*[2] m'a beaucoup surpris – parce que je croyais qu'il s'agissait d'un essai économico-anthropologico-philosophique qui n'avait rien à voir avec mon travail littéraire – lorsqu'il m'a dit, à ce sujet de l'adéquation entre le travail spirituel et le travail social : « Ce que tu fais dans *Afrotopia*, c'est ce que tu exiges de l'individu dans *Dahij*. Un travail sur sa singularité, sur son autonomie, sur sa liberté profonde, sur son ouverture. Et c'est ce que tu demandes aux groupes sociaux ». C'est effectivement la même chose, mais à l'échelle de l'espace sociétal. La singularité des groupes sociaux, leur expérience propre, leur téléonomie, leur temporalité, tout relève de la même question originelle. Celle de sortir d'un

1. Rainer Maria Rilke, *Lettres à un jeune poète*, éd. Gallimard, 1993 (première édition 1929).

2. Felwine Sarr, *Afrotopia*, éd. Philippe Rey, 2016.

ordre global et normatif qui veut réduire la complexité du réel, qui veut mettre en avant uniquement une occurrence et qui veut ignorer tout le reste. Et c'est le même processus dans un groupe social qui, par des mécanismes de détermination et de structures, veut tout contraindre de manière à ne produire qu'un type d'individualités, sans accepter que la sérialité produise de la singularité ou de l'inattendu. Or la structure en elle-même doit être ouverte. Lorsqu'on regarde le mouvement d'une meute de loups ou de chiens, il semble aléatoire. Cependant malgré les mouvements chaotiques des individus de la meute, ceux-ci reviennent à une sorte de frontière. La structure de la meute est proprement ouverte. Ce n'est pas elle qui détermine totalement le mouvement. Et même ce débat entre structuralismes, incarné par Lévi-Strauss et les autres, a aussi été un débat autour de la binarité. La structure contre la production individuelle. Pourtant, la structure n'est pas une détermination exhaustive. Elle détermine une partie, mais les structures comportent un ensemble de trajectoires totalement indéterminées. Il y a du structurel, mais il y a en même temps de l'aléatoire dans le structurel.

GG – Ce qui rejoint en partie ce que nous disions tantôt au sujet du déterminisme bourdieusien et de la *Critique de la raison dialectique*[1]...

11
L'*UBUNTU*

FS – Je pense à l'*ubuntu*. Les communautés africaines sont injustement décrites comme des espaces communautaires qui étoufferaient l'individualité, sans être en mesure de penser qu'entre le *je* et le *nous* existe un trait d'union et que c'est une dialectique réversible, que le *nous* produit le *je*, et que le *je* réinterroge le *nous* qui réenrichit le *je*. Dans ce cas-là, justement, la dialectique de la structuralité n'est pas une dialectique oppressive, puisque les deux éléments se nourrissent. Il est aussi intéressant de penser ce qu'on fait des processus d'individuation lorsqu'ils arrivent à terme. Une fois devenus des individus libres et créatifs, que faisons-nous de cette individualité ?

1. Jean-Paul Sartre, *Critique de la raison dialectique*, *op. cit.*

Patrick Chamoiseau souligne très justement que nous sommes dans un temps historique exceptionnel dans la mesure où les grands corsets communautaires ont perdu de leur emprise sur les groupes, les individus ont la possibilité de faire l'expérience de la relation et des usages du monde qui sont pluriels. On peut choisir sa langue. On peut choisir le lieu où l'on vit. On peut choisir ses modalités d'être. On a de plus grandes possibilités d'entrer en relation, de se construire : on peut donc s'individuer de multiples manières. Mais une fois qu'on s'est individué, si cette individualité ne recrée pas des solidarités, si on ne réinjecte pas une plus-value dans le groupe, elle devient vaine, elle tourne à vide. La dialectique circulaire entre le groupe et l'individu, qui considère que des sociétés qui savent encore faire communauté sont forcément des sociétés oppressives, que l'on vit de toute manière dans une grande binarité et qu'il faut choisir entre les individus atomisés ou le groupe qui vous nie et qui vous dépasse, est complètement hors-sol. La réalité est plus riche que cette vision simpliste. L'un nourrit l'autre. Sans communauté, il n'y a pas d'individu, parce que derrière tout cela se trouve l'idée du soin à prodiguer à autrui. Dans l'individuation, si vous ne recevez pas de soin – et quelle tristesse –, jusqu'à l'âge de l'autonomie et même au-delà, vous n'êtes pas un individu, vous ne vous accomplissez pas. Je pense par exemple à cette belle image de Pascal Quignard[1], lorsqu'il disait que l'individu est une vague. La vague peut monter aussi haut qu'elle veut mais elle ne se détachera jamais de la mer, qui est le groupe. Elle retombe ensuite dans la mer, pour lui donner un élan.

GG – Si je te suis, il ne s'agit pas de dissoudre le soi en tant que tel, mais de dissoudre un ego qui fait obstacle à l'ouverture du soi. Alors, nous sommes de plain-pied avec une expérience spirituelle chrétienne, que l'on désigne volontiers en latin par l'expression d'*agere contra*. Cela signifie « agir contre » ma volonté propre qui est le petit ego donc tu parlais, lequel fait obstacle à l'ouverture de soi et à ce dialogue amoureux avec Dieu que nous poursuivons à travers le monde, dans la société, dans notre relation à autrui, aux vivants, aux paysages... On pourrait même dire que cet ego fait obstacle à la sainteté. Tu disais qu'il n'y a pas de guerre sainte. Cette expression est un oxymore. La sainteté, c'est tout le contraire : c'est

1. Pascal Quignard, *Les Ombres errantes*, éd. Grasset, 2002.

l'hospitalité surabondante que nous évoquions tout à l'heure, c'est cette relation de confiance, de tendresse gratuite, généreuse, radicale, sans garantie, d'ouverture à l'autre sans contrepartie. Une confiance qui espère le pardon. Je ne peux pas me livrer à cette sainteté sans, en deçà de toutes mes représentations conscientes, faire un acte de foi profond, qui précède toutes nos tentatives pour le dogmatiser à travers des doctrines plus ou moins compliquées. Il y a un crédit élémentaire dans la possibilité de cette relation, et donc cette ouverture à l'autre. Les théologiens Christoph Theobald et Étienne Grieu[1] ont écrit de très belles choses à ce sujet.

Ensuite, comme tu le dis, le processus d'individuation dans lequel nous sommes tous engagés est spécifique et a partie liée avec un aspect de la postmodernité que nous avons déjà évoqué : aujourd'hui, au Nord comme au Sud, chacun ou presque peut se livrer à un grand *shopping* de tout ce qui fait son identité. Je peux choisir ma langue, mon sexe, ma culture, ma religion. Ambedkar en Inde, illustre très bien cette idée. C'est l'homme qui a rédigé la Constitution de 1948. Il

1. Étienne Grieu, *Nés de Dieu*, éd. Cerf, 2003.

est moins connu en Occident que Gandhi, mais son tombeau fait quasiment l'objet d'un culte à Nagpur, équivalent à celui de Gandhi. Bhimrao Ambedkar, qui était Dalit (l'autre nom de la caste des Intouchables, la moins bien considérée), a délibérément rejeté le système de castes et fait le tour de toutes les grandes religions de l'Inde en vue de choisir celle qui lui paraîtrait préférable. Apparemment, l'option de vivre sans religion n'avait pas de sens pour lui. Il s'est décidé pour le bouddhisme avec la justification suivante : « en vérité, la plus belle des religions, estimait-il, c'est le christianisme. Mais les chrétiens eux-mêmes ne sont pas fidèles à leur propre religion. Donc je choisis le bouddhisme ». Il aurait été très intéressant de lui demander comment il se positionnait vis-à-vis de l'islam et vis-à-vis de quelqu'un comme Iqbal. Le geste d'Ambedkar choisissant sa religion est symptomatique de notre position postmoderne, inouïe dans l'histoire. L'humanité n'avait jamais connu de tels degrés de liberté jusqu'à présent. Cette liberté s'accompagne d'un défi extraordinaire parce qu'elle nous engage dans un discernement perpétuel. À chaque instant de ma vie, j'ai désormais devant moi des possibles qui ne sont pas tous équivalents. Cela ne signifie pas qu'ils sont mauvais ou non. Le travail de discernement ne peut s'effectuer tant que je n'ai pas fait le deuil du mythe de la transparence, tant que je ne m'engage pas dans ce travail de *djihad* intérieur dont tu parlais et que j'appellerai le dépouillement de soi, de son ego, de sa volonté propre et de toutes les images de moi-même auxquelles je cherche vainement à me conformer. Chaque jour, il faut remettre ce travail en chantier, tâche quotidienne parfois épuisante…

FS – Si épuisante ! Cet Indien que tu viens de citer me plaît, parce que cette ambition a été la mienne pendant de longues années. Je me suis dit : « je suis né au Sénégal dans une famille culturellement musulmane. Mais si j'étais né en Asie ou en Inde, probablement aurais-je eu une autre religion. Dans ma démarche spirituelle, qu'est-ce qui est lié à mes déterminismes géographiques, sociaux, familiaux et historiques ? Qu'est-ce qui est lié à une quête individuelle ? Je ne peux faire de quête, je ne peux évaluer, que si je traverse les plus grandes traditions spirituelles ». C'est un pari fou parce qu'il faut du temps, de la disponibilité. C'est pourquoi j'ai entrepris pendant une vingtaine d'années d'interroger ce que j'appelle les principaux textes de la spiritualité humaine: la Bible, la Gîta, le Coran, les athéismes, les théosophies, mais aussi les mystiques, etc. Durant des années, j'ai erré ainsi, j'ai circulé avec pour seul credo: «je ne m'arrête pas à une vérité dernière». C'est un inconfort métaphysique et moral et parfois psychique quasi permanent, parce qu'une certitude, une vérité, peuvent donner un confort moral bien utile pour agir. On a aussi besoin d'un sol dur, parfois! On ne peut pas toujours être sur un sol meuble si l'on a envie de poser telle ou telle action. Or, non seulement il ne faut jamais s'arrêter à une vérité dernière, mais toujours quitter les lueurs et les clartés, les bases et les sommets. Si on l'assume entièrement, si on l'accepte comme étant une sorte d'hygiène psychologique ou d'hygiène éthique, antidogmatique, cet inconfort peut nous mener vers un espace où l'on ne ressent plus d'insécurité psychique. Au contraire, cet espace engendre une vigilance et une ouverture d'un esprit toujours apte à accueillir l'occurrence d'une idée fulgurante, mais qui se diffracte et se réfracte. C'est ce à quoi m'a amené cette attitude d'inconfort permanent. Je vais trouver chez saint François d'Assise, chez Thérèse d'Avila, des lueurs que je vois chez Rumi ou chez Ibn Arabi, ou encore chez les maîtres indiens. Je me rends compte que, comme le dirait Teilhard de Chardin, tout ce qui monte finit par converger[1]. L'important n'est donc pas le chemin, mais l'ardeur avec laquelle on marche sur la voie (la *tariqa*) que l'on a choisie. Lorsqu'on est sur l'extériorité, la périphérie, on s'attache aux formes. Lorsqu'on veut aller vers le cœur, vers le centre, on peut prendre des rayons différents, ceux-ci vont tous dans la même direction. De ce point de vue, la présence d'invariants est indéniable ! Toutes ces traditions spirituelles ont donné naissance à des êtres et les ont poussés à se réaliser individuellement. L'histoire en témoigne. Saint François d'Assise a existé. Le Bouddha a existé. Des individus dans des traditions spirituelles différentes ont atteint un niveau de réalisation humaine élevé, donc on sait que c'est possible. L'intérêt, pour moi, est de voir que cette trajectoire est possible à partir de plusieurs traditions différentes. À l'inverse, il serait erroné de croire qu'à partir de sa fenêtre, de sa partie singulière,

1. « Tout ce qui monte, converge inévitablement », issu d'une conférence donnée le 8 mars 1947, Pierre Teilhard de Chardin, *Œuvres complètes*, Tome 5, éd. Seuil, 1959.

on peut voir le tout; de croire, même, que sa partie est le tout. De ma fenêtre, la spiritualité musulmane, je peux voir le tout. De la fenêtre de la mystique chrétienne, je peux voir le tout. De la fenêtre de l'expérience bouddhiste, je peux voir le tout. Le défi, c'est de ne pas prendre cette fenêtre-là pour le tout.

Le défi est aussi de confondre foi et croyance. La croyance, ce sont des énoncés auxquels on accorde du crédit. Alors que la foi, c'est un sentiment, une certitude intime en quête d'élection; quelque chose est là, on est convaincu sans preuve, on est dans une forme de l'intellection du *fides*. Conséquemment, ce qui divise, c'est que l'on s'attache à des énoncés. La Trinité est un énoncé, le *tawhid* en est un. Pourtant, la foi est en amont des énoncés. Mais si on a envie de faire le chemin – et cette envie est cruciale –, la ressource intellectuelle et les nourritures spirituelles existent en abondance. Les théologies, les mystiques, ont produit un grand nombre de textes, de débats, de discussions. Hélas, ils ne semblent pas nourrir le débat dit interreligieux. Malgré tout, la ressource fondamentale existe, elle attend des jours meilleurs.

GG – Je crois que tu as raison. Cette ressource ne nourrit pas suffisamment les débats. Les grandes traditions spirituelles pourraient sans doute s'articuler les unes aux autres autour de la règle d'or comme socle universel : « tout ce que vous voudriez que les autres fassent pour vous, faites-le pour eux » (Matthieu 7,12 ; Luc 6,31). L'islam connaît cela…

12
LA FOI DE L'HERMÉNEUTE

Tu dis à juste titre que se produit une expérience de foi radicale… Elle ne se dit pas nécessairement avec des mots d'ailleurs, car elle se fait en un lieu mystérieux, secret, éventuellement silencieux. Seulement ensuite viennent les mots, maladroitement. Cela nous renvoie au monologisme normatif. Le grand danger est de croire qu'une seule instance doit être autorisée à dire les mots, les doctrines, pour rendre compte de l'expérience de foi singulière, unique au monde, que chacun de nous traverse à sa manière. Qu'un pluralisme normatif puisse émerger est donc très important.

FS – Pour revenir à l'islam – je suis bien placé pour le dire et on ne m'accusera pas de le dire de l'extérieur –, le moment où il a été florissant, son âge d'or si je puis dire, a été au IXe siècle, à l'époque des Abbassides, lorsqu'il s'étendait jusqu'en Andalousie. C'est l'époque du plus grand pluralisme normatif, avec de nombreuses écoles : les malékites, les hanbalites, les chaféites, qui avaient des conceptions différentes de la jurisprudence. Les juges musulmans ont procédé à une adaptation de la norme face à une réalité en mouvement, fondée sur ce que l'on a appelé l'*ijtihâd*, un effort d'interprétation. Les musulmans étaient convaincus que le Coran n'était pas un texte normatif, mais spirituel. D'ailleurs, sur les 6 226 versets, moins de 300 versets traitent de droit. Les autres sont des versets éthiques et eschatologiques. Ainsi, du vivant du Prophète déjà, un déficit de normativité existait dans le texte coranique. Un juge allant dans une contrée lointaine avait demandé à Mahomet selon quoi il jugerait. Le Prophète lui a dit : « tu jugeras selon le Coran. Si tu ne trouves pas, lui dit-il, selon la sunna». La sunna, c'est l'exemple du Prophète. «Et si je ne trouve ni dans le Coran ni dans la sunna?», lui a répondu le juge. «Tu feras un effort d'interprétation des textes et formuleras un jugement en conformité avec l'esprit de la révélation». L'ouverture et l'effort d'interprétation sont explicites. De là ont découlé des sources du droit et des méthodes juridiques comme l'analogie, le consensus, etc. Les différents *cadis* (juges) musulmans ont pris des décisions parfois contradictoires, mais qui prenaient en compte le contexte. Et l'islam s'est figé précisément au moment où il a décidé de fermer les portes de l'*ijtihâd*, de considérer que des édits ou les textes jurisprudentiels qui émanaient des juges musulmans de certaines époques étaient valables en tout temps et en tout lieu. Le fait colonial arrive et dans les pays à majorité musulmane, on remplace le droit musulman par le droit occidental. Celui-ci fige, notamment en se basant sur la jurisprudence, le droit n'est alors plus vivant. Et quand les groupes réintègrent leurs référents culturels, ils retrouvent une jurisprudence qui date de plusieurs siècles et à laquelle ils veulent se référer. On ne sait plus si c'est du droit divin, du droit humain, si ce sont des édits des juges ou si ce sont des prescriptions divines. D'où le nécessaire travail d'*aggiornamento*[1] et de reprise d'une lecture vivante des sources de l'islam (Coran, Sunna, herméneutique...). Nous sommes dans une période de grande confusion. L'époque de l'âge d'or en revanche était bien celle de la plus grande pluralité normative. Mais je dirais aussi que c'était l'époque de la plus grande pluralité intellectuelle : c'est aussi une époque où se côtoient les pensées des Perses et des Grecs. La *translatio studiorum* est le fait d'étudier les textes grecs et de les traduire. On les transmet en les traduisant du grec vers l'arabe. En les étudiant, on les pense, on les critique, on les enrichit. Les Perses apportent leur science, leur médecine. Toutes les zones où l'islam s'étend nourrissent à leur tour culturellement cette religion du livre, de Nichapour à Tombouctou. C'est l'époque la plus lumineuse. Et c'est ce que l'espace musulman doit retrouver : l'incomplétude, l'ouverture à la pluralité des sources. L'histoire de l'islam comporte un évènement crucial : alors que le Prophète menait sa première bataille, qu'on appelle la bataille du puits, à Badr, il sortit et se plaça à un endroit particulier.

1. Se dit de l'adaptation de l'Église à la réalité contemporaine.

Un de ses compagnons lui demanda : « est-ce que cet endroit est l'objet d'une révélation, ou est-il l'objet de ta propre réflexion ? » Il lui répondit que c'était l'objet de sa propre réflexion. Son compagnon lui dit : « alors il vaut mieux que nous nous réunissions autour du puits, car c'est plus stratégique. » Le Prophète accepta de se rapprocher du puits. Les exégètes en ont conclu que c'était le moment où les sciences profanes avaient montré leur valeur et que justement sur cette question profane, sa science religieuse n'avait rien à dire. Un savoir en stratégie militaire était plus utile. Le Prophète de l'islam, dans son vécu, a donc su scinder et faire la part des choses. Il n'a pas fait du texte l'alpha et l'oméga de tout. Le Prophète de l'islam en personne a donc lui-même incarné cette pluralité, qu'il faut absolument retrouver !

Je dirais même que c'est à la condition de la retrouver qu'elle pourra soigner sa maladie qu'est l'islamisme radical qui veut nier le temps. Le salafisme, c'est le retour à des temps anciens, des « temps purs ». Le temps est vu comme dégénérescence et déperdition, tout ce qui arrive de nouveau est une *bida*, une innovation par rapport au temps. Le Prophète leur disait pourtant : « ne tuez pas le temps, le temps est Dieu » : c'est dire qu'il est important de considérer que l'esprit de la lettre l'emporte sur la lettre elle-même. Au fond, la relation est un espace spirituel que l'on met en forme dans des virtualités différentes qui prennent en compte le mouvement du temps et le mouvement de l'époque, dans une lecture historicisée de plusieurs éléments. Il s'agit surtout de reprendre une dynamique qui était déjà ouverte et tournée vers le mouvement du temps et le mouvement de l'histoire. La tradition transmet un feu, elle ne transmet pas des cendres, elle transmet ce qui est fécond et c'est cet espace de transmission que nous devons réarticuler.

13

SAINTETÉ ?

GG – À ce sujet, ne pourrions-nous pas mobiliser la catégorie de « l'universalisme itératif » tel qu'il a été formulé par Michael Walzer ? Philosophe juif, Walzer propose une relecture de l'Exode dans la Torah, ce grand récit de libération d'esclaves qui s'échappent du régime « totalitaire » et oppressif égyptien pour traverser la

Mer rouge puis faire l'épreuve du désert durant quarante ans d'errance à la recherche de la Terre promise. Ce que Walzer nous dit – c'est un universitaire ébouriffant et charmant que j'ai croisé à New York –, c'est que ce récit vaut certes pour la conscience juive, mais qu'il peut toucher tout le monde. L'Exode se prête à une herméneutique qui sera effectivement située historiquement et politiquement, mais à laquelle il fournit une dimension universelle en tant qu'il peut inspirer. En d'autres termes, l'expérience de libération qu'a faite le peuple hébreu est suffisamment riche pour qu'au prix d'une interprétation à nos risques et périls nous puissions y puiser une inspiration pour nous aider, nous aussi, à sortir de nos Égyptes et à traverser nos propres déserts, en quête de la Terre qui nous est promise.

C'est là, à mon avis, que le mot « Esprit » que tu as utilisé plusieurs fois est central. Lorsque tu dis qu'il faut transmettre du feu et pas des cendres, cela nous dit quelque chose du feu de l'Esprit créateur qui est à accueillir et à allumer, à rallumer, à engendrer chez d'autres, avec d'autres. Nous sommes renvoyés à une autre conception de l'universalité dans l'histoire, celle d'un universalisme qui se décline au fil du temps et passe par un acte délibéré d'interprétation dans l'Esprit.

FS – C'est très juste!

GG – Il ne s'agit donc plus du tout de l'universalisme abstrait d'un colonialisme européen déguisé, mais au contraire d'un universel où nous pouvons – nous devons même –, inventer quelque chose de neuf. Dans le monde chrétien contemporain, c'est ce que dit le théologien jésuite Christoph Theobald : l'acte fondateur de sa pensée se pose au sujet de la crise moderniste que traverse l'Église catholique en 1905-1907. Pour la première fois, ou tout au moins de la manière la plus vigoureuse et volontaire, un théologien français, Alfred Loisy, nous dit que la Bible s'interprète. Cette interprétation ne peut s'énoncer depuis n'importe où, mais s'enracine dans un contexte historique précis qui s'inscrit dans le prolongement de ce qu'avaient auparavant proposé Richard Simon, Spinoza et quelques autres. On reconnaît ainsi que, dans la Bible, des récits sont le fait d'une réinterprétation. Il faut donc en tenir compte quand on lit et interprète les Écritures saintes. Par exemple, certaines *logia* (paroles) n'ont probablement jamais été prononcées par le Christ, mais la communauté chrétienne les met dans sa bouche car c'est ainsi qu'elle relit sa vie publique à la lumière de l'évènement pascal. C'est le même travail qu'une partie de l'Islam, enfermée dans une interprétation positiviste ou fondamentaliste-doctrinaire du Coran doit redécouvrir et refaire, et je dis bien « redécouvrir », car ces questions ne lui étaient nullement étrangères au Moyen Âge et jusqu'au XIXe siècle. Si l'on consent à entrer dans ce travail de discernement, la relecture de nos textes fondateurs nous permet de mettre en évidence l'occurrence d'un universel itératif qui sera source d'inspiration pour chacune et chacun d'entre nous, à condition d'accorder un crédit élémentaire à l'Esprit dont il est la lettre. Cela nous emmène évidemment très loin à la fois d'un fondamentalisme religieux mortifère et de ce positivisme naïf qui…

FS –… lit les textes à la lettre…

GG – … qui lit les textes *ad litteram,* oui ! Est-ce que cela ne signifie pas que la sainteté, aussi bien dans la tradition musulmane que dans la tradition chrétienne, la tradition juive et probablement aussi les traditions hindoues et bouddhistes qu'il nous faudrait interroger, appartient à la catégorie des *communs,* puisqu'elle relève de ce que je peux partager comme commun ? Personne ne peut la privatiser. S'en déclarer le propriétaire unique est un contresens mortel. Et elle ne s'impose pas non plus à tous par un universel de surplomb à la façon des biens publics. Et elle n'est pas non plus le propre d'une tribu dont l'identité serait fixée à l'avance : elle déborde toutes les frontières. La singularité infinie de mon expérience peut être source d'inspiration pour d'autres, en d'autres temps et en d'autres lieux, à condition que j'en rende compte d'une manière qui reste ouverte à la délibération d'autrui. À condition que j'accepte de ne pas être le propriétaire même du sens de mon expérience. C'est ce qu'ont cherché à faire, sans doute, les écrivains qui ont rédigé la Torah ou les Évangiles ou le Coran. Mais c'est aussi ce que fait tout poète, je crois. Cette expérience elle-même doit être une expérience d'ouverture à la relation à l'autre, à la Terre, à la *Téranga*, pour ainsi dire. Cette manière de contribuer à composer des communs avec d'autres, dans des expériences communautaires en un sens non communautariste, ne dirais-tu pas que c'est cela, la sainteté, à notre époque ?

FS – Cette idée me plaît. Je suis tout à fait d'accord pour décorréler la sainteté d'un univers de représentations religieuses et pour l'inscrire dans son principe actif. Ce n'est pas une posture ni un état stationnaire, c'est une démarche ! Et vers quoi ouvre cette démarche ? Vers cet espace que nous partageons, qui est entre chacune et chacun de nous. Cela peut être un espace intersubjectif, un espace intersocial. Mais c'est en tout cas l'espace où nous faisons communauté, où nous avons quelque chose en commun. En wolof (langue la plus parlée au Sénégal), le terme est *mbokk*. Quand je dis : « c'est mon *mbokk* », cela veut dire « c'est mon parent ». Mais plus essentiellement, le mbokk est celui avec lequel j'ai quelque chose en commun. Quelquefois, le *mbokk* ne relève donc pas de ma biologie ni de ma famille, mais peu importe : si je décide que c'est mon *mbokk*, il fait partie de la famille élargie. Par exemple, si je me rends dans un pays étranger et que je rencontre un Sénégalais, je peux dire : « c'est mon *mbokk*, c'est mon parent ». Même s'il n'est pas de ma famille, nous avons quelque chose en commun. En l'occurrence, nous avons en commun une langue, une culture et quelques autres éléments.

Et c'est cette notion de communauté qui est à élargir : qui appartient à la communauté ?

Je pense à la question migratoire. Quelle est la difficulté actuelle, en particulier en Europe occidentale ? C'est de considérer que celui qui ne nous ressemble pas, celui qui n'a pas la figure du semblable pour nous, puisse appartenir quand même à la communauté. Si je considère que celui qui arrive est mon semblable, même s'il n'a pas la figure de mon semblable (parce qu'il parle une autre langue, parce qu'il est issu d'une autre géographie, etc.) et que, de ce fait, il appartient à ma communauté, alors il n'y a plus d'étrangers. La question est radicalement résolue ! L'étranger, c'est celui qui n'appartient pas à la communauté. Je ne suis pas obligé de construire ma communauté contre les autres ou contre celle des autres, comme le voudrait une anthropologie où le *nous* se reconstruit contre un *eux*... Au contraire, si l'on considère que sur cet espace de la Terre il n'y a pas d'*eux*, mais seulement du *nous*... Une issue est possible.

GG – Parce que la Terre est ronde !

14
LE MANQUE EN COMMUN

FS – Parce que la Terre est ronde. De là, on retrouve la grande communauté et on peut réfléchir à la manière de régir les relations au sein de la communauté, de produire des communs que nous devons gérer collectivement et qui soient source de bienfaits pour tous. La possibilité d'une appropriation exclusive ou de propriétés privatives de ces communs disparaît puisqu'ils sont utiles pour la communauté. Or, qui fait partie de la communauté ? Tout le vivant. Et si je suis africain, je rajoute les ancêtres, ceux qui sont partis, et je rajoute aussi ceux qui sont à venir. Cela amène à se demander dans quel état nous rendons et laissons cet espace habitable non pas seulement pour nous – puisque nous sommes des êtres de passage et que la communauté est intergénérationnelle – mais pour toutes et tous les autres à venir. Si j'adopte une vision large de la communauté, je suis confronté à toutes les problématiques de l'écologie, celles du politique, de la circulation, toutes les problématiques de l'interculturalité, toutes les questions qui portent sur la manière dont je gère des ressources ainsi que des communs qui sont fondamentaux pour maintenir le bien-être de la communauté et l'équité en son sein. Sans oublier toutes les problématiques qui relèvent aussi du soin. Si je considère que cet animal fait partie de la communauté, si je considère que l'autre fait partie de la communauté, alors la relation d'ouverture et de générosité est première, celle qui, avant les principes d'équivalence, nécessite une foi radicale et initiale en quelque chose de positif pour l'élargir. Ainsi, la pensée de la communauté nous conduit à la pensée du commun et à nous interroger sur comment et sur quoi la fonder. Rien ne nous oblige à la fonder en négatif, par opposition à quelque chose ou à quelqu'un d'autre. Avec cette vision élargie, on obtient un espace matriciel à partir duquel on peut réfléchir pour refonder une communauté globale, humaine, etc.

GG – Avec ce vocabulaire de la communauté, le communautarisme anglo-saxon nous piège, de même que nous piège ce faux débat entre libéralisme d'un côté et communautarisme de l'autre.

FS – Entre les binarismes, en vérité !

GG – Nous pourrions introduire un autre mot dans la discussion, l'*entre-nous*[1], parce que c'est ce qui est extrêmement fécond. Nous avons nous-mêmes à accepter cet entre-nous et à y contribuer, à la fois pour le recevoir et pour le nourrir. Ce que nous avons en commun, c'est finalement notre incomplétude, notre désir, ce qui fait que nous sommes, toi, moi, chacun d'entre nous, des êtres de désir en attente d'un accomplissement. Voilà ce que nous partageons d'emblée et sur quoi, paradoxalement, nous pouvons nous appuyer. Autrement dit, ce que j'ai en commun avec toi, ce n'est pas un « capital » – au sens d'une anthropologie nourrie d'économie néoclassique – que j'aurais accumulé et que, d'ailleurs, j'aurais à échanger dans une relation marchande avec toi. C'est un manque que j'ai et que tu as aussi. Il ne nous manque peut-être pas les mêmes choses ; notre désir à chacun est singulier. Mais ce que nous ne pouvons nier, c'est que nous sommes en manque d'un Autre, d'une complétion qui ne peut pas venir de nous-mêmes. D'où peut-elle venir, sinon de ce qui advient d'imprévu, d'inouï, *entre nous* ? Cet entre-nous du désir peut être le ferment

1. Gaël Giraud, *Composer un monde en commun, op. cit.*

d'une construction juridique, politique. Ce qui est tout autre chose qu'un communautarisme qui prétendrait savoir à l'avance ce qui réunit les gens de sa tribu, leur identité, leur « capital ». Au fond, les communautés qui aujourd'hui se créent – je pense par exemple au mouvement des places aussi bien en Turquie qu'à Barcelone, mais aussi à *Occupy Wall Street* et à d'autres évènements de ce genre –, ce sont des gens qui se rassemblent non pas pour revendiquer la conformité à une hypostase, une espèce de construction identitaire commune qui serait revendiquée contre les autres. Au contraire, ce sont des femmes et des hommes qui disent qu'une soif commune les rassemble, soif fragile d'un ailleurs qui n'est pas forcément bien nommé et bien clairement défini, mais dont ils sentent que l'expérience collective qu'ils vivent var leur permettre d'avancer dans la direction de ce désir…

FS – J'ajouterais Nuit debout à cette liste, parce que Nuit debout intègre cette non-clarté du projet.

GG – Absolument. Le fait qu'on ait parlé de la nuit, dans la nuit, au milieu de la nuit, dit quelque chose : nous sommes dans une nuit par rapport au désir que nous partageons. Mais reconnaître que nous partageons ce que nous n'avons pas, que nous communions à ce que nous n'avons pas, est ce qui nous rend humains. Cette reconnaissance est incontournable pour comprendre pourquoi apparaît tant d'inventivité, de créativité, dès que nous consentons à composer un monde en commun.

Tu as posé plus tôt une question inévitable. Qui est dans la communauté ? Évidemment, cette interrogation rejoint un sentier que nous avons abordé tout à l'heure et où nous ne nous sommes pas trop aventurés, celui de notre relation avec le non-humain. Revenons-y. Tu as parlé de la question du droit, des droits de la nature, ce qui était très fort. Je suis en partie d'accord, mais en partie seulement. Certes, il y a peut-être une fausse manière d'essayer d'honorer le fait que dans nos collectifs – on va dire collectifs, communautés, ou dans nos communautés ouvertes –, il doit y avoir du non-humain. Cette reconnaissance oblige les Européens à dépasser le grand partage nature-culture qu'ont dénoncé Philippe Descola, Arturo Escobar ou Viveiros de Castro. Mais la mauvaise manière d'honorer cette reconnaissance, cette présence du non-humain parmi nous, consiste, comme dans la constitution équatorienne, à essayer de donner abstraitement des droits à la Nature. Ça ne fonctionne pas. Cependant, que penses-tu des expériences du type de celles qui ont été tentées en Nouvelle-Zélande ou en Inde, où l'on attribue à tel écosystème, tel fleuve, telle colline, des droits pouvant être revendiqués dans un parlement par les humains qui appartiennent à une collectivité où il y a du non-humain, où ces droits peuvent être revendiqués au nom du non-humain ?

FS – C'est une question complexe. Je crains certes l'occurrence d'une forme d'anthropocentrisme, mais je crois néanmoins que les expériences en Amérique latine sont de ce point de vue très intéressantes à observer et qu'elles ouvrent des perspectives fécondes. Ne les disqualifions pas trop tôt sur la base des difficultés qu'elles poseraient. Elles constituent une avancée.

GG – Oui, je comprends. En tout cas, cette proposition risquerait possiblement d'être comprise comme une manière de multiplier les sujets de droit tous azimuts. Le postlibéralisme ambiant s'accommode fort bien de cette inflation parce qu'il croit que le seul moyen de juguler la toute-puissance fantasmée du sujet humain est de lui trouver des concurrents, d'autres sujets, qui limiteront ses prérogatives, au lieu d'inscrire l'autolimitation au cœur même du sujet de droit, de tout sujet.

FS – Certaines expériences sont de bonnes sources d'inspiration. Celles que tu viens de mettre en évidence me font penser au vicariat, au *locum tenens* (celui qui tient lieu pour, « lieutenant », à l'origine du terme français lieutenant), au califat. Les hommes ou les femmes de cette communauté peuvent être les vicaires, les lieutenants, peuvent être ceux qui parlent au nom de la divinité, de Dieu, de la Terre-mère, puisque, pour l'instant en tout cas, nous sommes les dépositaires du langage qui est le nôtre et que l'on connaît. D'autres formes de langage existent toutefois, que nous ne maîtrisons ni ne connaissons, du moins pour le moment. Par ailleurs, je ne suis pas persuadé qu'il nous faille encore rester dans l'idée que nous sommes la seule conscience éveillée de l'univers. Tout dépend de ce qu'on appelle conscience. Mais on peut considérer que nous pouvons être les lieu-tenants, ceux qui tiennent lieu pour quelqu'un ou quelque chose d'autre. Nous pouvons ainsi transmettre des préoccupations d'intégrité, de durée de vie, d'épanouissement, de fécondité, que le vivant a. Et nous pouvons être ce lieu qui tient à les préserver et en être les vicaires. Ce n'est pas s'installer dans une position dominante.

GG – Bon nombre d'Européens ne le savent plus, justement ; il leur faut le réapprendre, à l'aide des peuples des Suds. Comment aide-t-on un Européen, de nos jours, à effectuer ce travail initiatique de réapprendre que, par exemple, le lamantin du lac fait partie d'une communauté à laquelle lui-même appartient ?

15
CURIOSITÉ DE L'INCONNU

FS – Il faut réapprendre à l'Européen (et à d'autres !) à s'ouvrir à des imaginaires autres, pluriels, et à sortir d'une autoréférentialité, intellectuelle d'abord, puis autoréférentialité de l'imaginaire. Et réapprendre à considérer que son imaginaire est aussi celui du monde. Quand je vais voir les autres, je ne les regarde pas avec la curiosité du touriste, ou de celui qui pose sur les autres un regard teinté d'exotisme, ou qui les considère comme appartenant à une altérité radicale. Ces autres sont un miroir de ce que je suis. Ils sont l'un des visages de mon expérience humaine. Leur expérience apporte des réponses à des questions qui sont aussi les miennes. Ce sont les autres moi-même. C'est un pari, je crois. Nous, Africains, n'avons jamais ethnographiés les autres. Nous ne les avons jamais regardés avec curiosité. Enfin, si ! Mais c'est la curiosité de l'inconnu, pas celle qui fait d'autrui un objet étranger ni une chose à objectiver. Dans mon intersubjectivité, dans l'entre-nous, je me rends compte que j'ai peut-être moins de difficultés à considérer que l'autre est avant tout un autre moi-même. Sans doute parce que je ne suis pas l'héritier d'un dispositif épistémologique et d'une matrice culturelle qui ont confiné l'autre dans une altérité radicale. C'est cela qu'il faut apprendre : ne pas rejeter la différence – elle existe, puisque c'est une différence d'inscriptions, de signes, de réponses, de géographies, d'historicités, d'expériences où chaque groupe humain a un répertoire de défis qui se posent à lui et auxquels il apporte des réponses à la foi singulières et potentiellement universalisables –, mais l'accueillir avec bienveillance. Et peut-être qu'il nous faut réapprendre à apprendre des autres. Dans certains espaces en Amérique latine, la terre est une mère. Une mère, on ne la vend pas. Elle est inaliénable. Une mère, on la partage. C'est un commun. Nous sommes plusieurs de ses enfants. Et dès l'instant qu'on inscrit la terre dans l'imaginaire de la maternité, de la mère, des interdits, des tabous indépassables se mettent en place : l'appropriation privative et exclusive. Cet imaginaire permet de prendre la terre en compte et de lui octroyer un statut de commun inaliénable, d'en être aussi le lieutenant, le vicaire.

GG – Si je peux apporter un témoignage personnel, j'ai fait en partie cette expérience de décentrement qui relève probablement de l'ordre du *djihad* intérieur quand j'ai été envoyé au Tchad. Alors tout jeune docteur en mathématiques et donc très armé de rationalité instrumentale méditerranéenne, j'ai passé beaucoup de temps avec des enfants de la rue à Sarh et, avec d'autres volontaires français venus à notre rescousse, nous avons fini par monter un centre d'accueil avec les enfants et pour eux. Je crois qu'une profonde conversion a eu lieu pour moi, un soir où nous étions partis – « mes » enfants, une douzaine environ, et moi – dans un village de brousse ; nous avions été accueillis dans ce village pour y passer la nuit. Le chef du village nous a fait dormir dans la grande case où l'on met toute la réserve de mil et de sorgho. Nous dormions donc à côté des sacs de mil. Or c'est une case où beaucoup de rats viennent la nuit pour essayer de grignoter du mil. Les enfants m'ont dit : « Toi, tu vas t'allonger au milieu de la case et nous, on va s'allonger tout autour de toi, comme ça les rats vont nous mordre, mais pas toi. » Je leur ai dit : « Attendez ! C'est moi l'adulte. C'est à moi de vous protéger. » Et ils m'ont répondu en riant : « Tu n'as rien compris ! C'est nous qui allons veiller sur toi ». Jusqu'alors, je croyais que c'était moi prenais soin d'eux ; en réalité, c'était le contraire. Ce sont eux qui m'ont ouvert à un nouveau rapport à la vie, un rapport de confiance radicale. Ils m'ont fait entrer dans leur propre communauté. Cela revient à la question que tu posais plus tôt : est-ce que je consens à croire que chez cet autre qui, apparemment, est un étranger, il y a un semblable, même s'il n'a pas mon visage ? Tout me séparait de ces enfants de la rue ! Mais ils m'ont fait faire l'expérience inédite que j'étais des leurs. À telle enseigne que, lorsque j'ai dû quitter le Tchad – et j'étais bien malheureux de devoir partir –, ils m'ont dit : « Quand tu auras des cheveux blancs et que tu ne pourras plus travailler, nous viendrons en France te préparer la boule de mil pour que tu aies à manger. Parce que tu es notre père aujourd'hui, c'est nous qui allons te nourrir quand tu seras vieux ».

FS – Quel sens de la filiation !

16
PRÉSERVER L'*USUS*

GG – Tu disais aussi que les cultures andines nous apprennent quelque chose du rapport à la *Pachamama* et de la façon dont nous-mêmes pouvons nous positionner comme étant les vicaires de cette terre-mère dans laquelle nous vivons. Je demanderais quant à moi – ce qui rejoint la thématique des communs – s'il ne faudrait pas distinguer dans la propriété privée les trois piliers qui avaient été construits par les juristes romains (repris d'ailleurs par les théologiens médiévaux de la réforme grégorienne), qui sont l'*usus* (l'usage), le *fructus* (le fait de faire fructifier, de tirer un profit) et l'*abusus* (l'abus, l'usage intensif de quelque chose, la possibilité même de le détruire), pour mettre davantage en avant la question de l'*usus*? Nous sommes les usagers, non pas les propriétaires du monde et, en particulier, de la *Pachamama*.

Les Franciscains des XVe et XVIe siècles l'avaient déjà dit, notamment Michel de Césène et Guillaume d'Ockham, lorsqu'ils sont entrés dans une bagarre théologique contre les théologiens pontificaux. Les frères de Dame Pauvreté affirmaient : « Nous ne sommes que les usagers de nos monuments, de nos couvents, de nos vêtements. Le propriétaire fondamental, c'est Dieu. Ce n'est pas nous. Nous sommes seulement les vicaires de la création. Le seul propriétaire juridique véritablement légitime, c'est son représentant, à savoir le pape ». Les théologiens pontificaux ont senti que cette déclaration était très subversive par rapport au monologisme juridique dans lequel une partie de l'Église était enfermée et par rapport à la propriété privée. Aussi se sont-ils vivement opposés à la position franciscaine : « Non, non, c'est vous les propriétaires de vos couvents. Ce n'est ni Dieu, ni le pape ». Dans le débat de l'époque, avec les instruments intellectuels et philosophiques dont ils disposaient, ils ont transposé la discussion en termes exégétiques sur la question de savoir si le Christ était le propriétaire de sa tunique qu'on lui a retirée au moment de le mettre en croix. Si on admettait qu'il était bien propriétaire de sa tunique, alors il était légitime d'exiger des Franciscains qu'ils fussent eux-mêmes les propriétaires de leurs couvents. Si, au contraire, on avait conclu que non, le Christ n'avait été que l'usager temporaire de sa tunique avant de la céder à d'autres (ce qui arrive dans l'Évangile), alors il devenait parfaitement possible d'affirmer qu'aucun être humain n'est le propriétaire ultime de quoi que ce soit. Et que nous sommes tous les usagers de la création dans laquelle nous sommes insérés.

FS – Dans la même lignée, je reviens aux catégories romaines que tu citais. Nous ne sommes pas propriétaires, donc nous ne cèdons pas, nous ne vendons pas, nous n'aliènons pas. Par contre, on peut considérer que nous sommes non seulement dans de l'*usus,* mais même, pour aller plus loin, que nous avons le devoir de rendre habitable et peut-être d'améliorer et enrichir ce dont nous jouissons temporairement. On peut dès lors comprendre le *fructus* non pas dans le sens de faire fructifier, comme le profit capitalistique, mais dans le sens de restaurer, de rendre habitable aux autres, de permettre à d'autres d'être des « usagers » de cet espace et de maintenir l'habitabilité.

GG – Ou dans le sens de rendre une fécondité. C'est le feu dont tu parlais dans la tradition. Ce ne sont pas les cendres. Dans le sens de quelque chose qui est fécond pour l'avenir.

FS – Ce que l'on me confie, je le rends augmenté.

GG – C'est la parabole des talents (Luc 19, 12-27), et cela n'a rien à voir avec la « capitalisation ».

FS – Ce dont je fais usage au moment présent, et justement même par reconnaissance pour cet usage-là, je le rends au moins dans sa capacité d'usage, dans une capacité d'usage *a minima* identique, mais même augmentée ou améliorée si cela est possible. Il en va de ma responsabilité, car je n'en suis pas qu'usager. Si moi-même j'ai pu l'être, c'est que d'autres ont pris soin de ces espaces pour que je puisse à mon tour en faire l'usage ; je rentre alors dans une relation circulaire et je rends cet espace pour d'autres, parce qu'en ayant bien fait usage de ces espaces, ou de ces ressources, ou de ces conditions, je contribue à ce que les services qui m'ont été rendus puissent continuer à être rendus à d'autres. Je travaille à fructifier. Quant à l'*abusus* justement, on est en dehors. Cela ne m'appartient pas, je ne peux pas le vendre. Je ne romps pas la chaîne d'utilité de l'*usus*. Et moi-même je préserve l'*usus*.

Cela permet la réouverture des futurs, des possibles, dans une version non anticipée, dans une version non figée, ou non dessinée, et de sortir du mythe du progrès. C'est un futur porteur de virtualités certes non anticipées, et surtout porteur d'une grande fécondité.

Ensuite, ce que tu appelles l'entre-soi, c'est finalement l'entre-nous. C'est ce que Martin Buber a appelé « entre le Je et le Tu »[1]. C'est tout

1. Martin Buber, *Je et tu*, éd. Aubier-Montaigne, 1938.

l'intérêt du dialogue, faire jaillir une vérité qui n'aurait émergé de toi ni de moi seul, mais qui est toujours là en potentialité *entre nous,* que l'échange fait apparaître, et qui n'aurait pas été autrement.

GG – Ne serait-ce pas l'origine de la cécité qui frappe nos sociétés ? C'est parce qu'on n'a pas fait l'expérience de cette émergence d'une vérité qui n'appartient ni à l'un ni à l'autre, mais qui est un commun, ou parce qu'on a oublié cette expérience, qu'une partie d'entre nous est coincée dans l'actuelle représentation de notre avenir. Et se retrouve incapable d'envisager les extraordinaires changements de société nécessaires à la décarbonation de nos économies. Nous rencontrons une panne eschatologique. C'est-à-dire qu'on n'a plus d'*eschaton.* Nous ne voyons plus quel horizon de sens nous permettrait de donner une signification au fait que je me lève le matin et que je vais transmettre une *Pachamama* plus ou moins blessée à d'autres, demain. On ne voit plus – enfin une partie d'entre nous, en tout cas – que nous nous sommes fermés à cette fécondité mystérieuse, imprévisible, dans le tissu des relations entre humains, entre humains et non-humains.

Parce que nous ne croyons pas que quoi que ce soit d'inédit puisse advenir de ces relations, nous nous enfermons dans un présentisme extrêmement sec qui, de fait, rend impossible cette fécondité.

FS – Cette crise de l'*eschaton* au sein de l'eschatologie ou des théologies heureuses ou fécondes est indéniable parce qu'il est clair que nous sommes revenus du mythe du progrès et des impasses de la raison instrumentale, et nous n'arrivons plus à habiter un temps à venir, à rouvrir un futur habité, heureusement habité. Pourtant, nous avons fondamentalement besoin de nous approprier les temps à venir, de les investir de sens et de significations. Peut-être devons-nous accepter que ces temps à venir sont des temps que nous n'avons pas la capacité de configurer. Ce qui ouvre à la capacité de les recevoir ! Cependant, ne pas avoir cette prétention à la configuration ne veut pas dire qu'on ne peut pas l'investir d'une intentionnalité et agir dans le sens de cette intentionnalité positive.

17
L'À-VENIR ET LES ANTICIPATIONS RATIONNELLES

GG – Si l'on revient à l'héritage ambigu des Lumières, nos propos trouvent un écho chez Kant. En particulier dans sa *Troisième Critique*, la *Critique de la faculté de juger* (*Kritik der Urteilskraft*, 1790)[1]. En abordant le jugement esthétique réfléchissant, il formule quelque chose de très proche de ce que tu viens de dire : ce n'est pas parce que je n'ai pas de concept que je ne peux pas porter de jugement sur l'avenir, c'est-à-dire l'investir d'une intentionnalité qui ne se réalisera peut-être pas, mais qui lui donne du sens. Quand nous discutons des différentes manières qui s'offrent à nous de réduire l'empreinte carbone et l'empreinte matérielle de nos sociétés, nous n'avons devant nous que des cas particuliers. Aucune loi générale, aucune règle *a priori* pour effectuer ce saut ne nous sont données. Et

1. Emmanuel Kant, *Critique de la faculté de juger*, éd. Vrin, 1993.

pourtant, nos sociétés tâtonnent en cherchant à découvrir, les « lois cachées de la transition écologique », à partir d'expériences concrètes, singulières, uniques : tel écovillage comme celui de Sékem, à 60 km au nord du Caire, ou encore Gaviotas, en Colombie, où les Indiens et les classes moyennes blanches apprennent à vivre ensemble, ou bien tel campus écologique comme le Schumacher college, à Totnès, ou encore le Sustainability Institute de Stellenbosch et, plus proche de nous, le Campus de la transition près de Fontainebleau… Chacun le fait d'une manière qui revendique une forme d'universalisme itératif. On pourrait relire la *Troisième Critique* de Kant exactement dans ce sens-là. Au demeurant, on peut s'étonner que la tradition philosophique occidentale – à quelques exceptions près comme Merleau-Ponty ou Derrida – ait si peu investi la *Troisième Critique,* depuis deux siècles et demi, à la différence de la première, la *Critique de la raison pure.* Peut-être parce que, dans la mesure où la première *Critique* ne nous parle apparemment que de jugement déterminant, elle permet de réinvestir le monologisme juridique, ainsi que la suprématie de l'État. Les vérités qui revendiquent le statut de jugements déterminants prétendent s'imposer comme un « bien public », universel et identique pour tous. La vérité d'un jugement sur le beau ou sur l'histoire ne renonce pas à l'universel, mais s'ouvre à un débat herméneutique. Dans le travail critique que les Européens ont à faire vis-à-vis de leur propre héritage, une relecture de Kant serait pertinente, à partir non pas de la première ni de la deuxième, mais de la troisième *Critique*, comme une méditation sur les conditions de possibilité de l'exercice de cette capacité qui nous est donnée d'investir d'intentionnalité un avenir qui ne nous appartient pas, dont nous ne sommes pas les propriétaires, mais qui vient à nous malgré tout et qui y est une promesse heureuse. À la condition de lui accorder un crédit élémentaire et de croire que cette promesse heureuse peut être d'une vérité qui n'appartient à personne *a priori*.

FS – Je suis d'accord. On sort alors des propositions très sèches et arides qui sont les nôtres. Je parle ici des propositions d'un avenir installé dans une peur de la catastrophe à venir, inquiet, et d'une société qui passe son temps à s'interroger sur comment elle fera face à cette catastrophe qu'on lui annonce ; ou bien des propositions d'un avenir purement technologique où l'humain serait humain augmenté, une sorte de cyborg qui aurait démultiplié ses capacités, accompagné du vieux fantasme narcissique de l'immortalité et du démiurge. C'est ce qu'on trouve souvent dans notre science-fiction, couplé au désir de dénaturaliser les conditions de la vie, de se débiologiser. Ce sont les deux seules options que nous avons actuellement dans nos imaginaires et il serait nécessaire de rouvrir l'espace de l'utopie et de reconsidérer l'histoire à partir de ses possibles. On peut analyser, décrypter, critiquer, mais aussi observer l'histoire à partir de ses contrefactuels, de ses uchronies, et faire comme les écrivains : si tel élément était modifié, quels seraient les possibles auxquels nous pourrions prétendre ? Car le présent que nous vivons n'est pas déterminé. Il est une occurrence d'une multiplicité de futurs possibles. Il y avait des possibles et l'un d'entre eux s'est réalisé. On peut faire de la rationalité *ex-post*, on peut faire comme s'il relevait d'une nécessité déterminée. Mais si l'on prend la chose à l'envers et que nous sommes dans l'espace de l'uchronie, cet espace envisage le réel en fonction de ses potentialités et de ses possibilités d'advenir. Ce qui rouvre par conséquent de nombreux espaces. On prend conscience que la trame de ce présent qui semble inaltérable peut être fissurée et que, lorsqu'on la fissure, surgissent des possibles qui peuvent certes être contradictoires, mais qui au moins inaugurent la nouveauté. Nous aurions sans doute besoin d'être en mesure de rouvrir les champs du possible dans les espaces psychologiques et mentaux et dans ceux de l'imaginaire. D'envisager que cet avenir qui n'est pas donné, qui vient, est justement porteur de potentialités plurielles, et qu'il nous est peut-être permis, comme l'indique Miguel Abensour, d'opérer une conversion utopique[1]. C'est-à-dire d'agir dès maintenant dans le sens de hâter l'advenue de la modalité d'avenir que nous souhaitons. Cela change radicalement l'action présente. Elle n'est pas simplement un travail dans l'espace imaginaire, mais elle amène une conversion dans l'attitude et dans l'action. La conversion utopique fait œuvrer aujourd'hui vers un avenir que nous ne configurons pas, mais que nous investissons qualitativement en ayant confiance dans le fait que lorsque nous soignons la relation au temps

1. Miguel Abensour, *L'Utopie de Thomas More à Walter Benjamin*, éd. Sens & Tonka, 2e édition revue par l'auteur, 2009.

à venir, quand nous y mettons de la qualité, quelque chose d'heureux arrivera, même si nous ne savons pas encore sous quelle forme précise cela apparaîtra. Cet espace de l'irreprésenté et de l'irreprésentable est crucial. Il s'agit d'être en mesure d'accepter de l'irreprésentable et d'agir dès à présent dans un sens que nous avons investi d'une intentionnalité positive.

GG – C'est en somme l'énigme du désir. C'est amusant parce qu'on parle souvent en microéconomie néoclassique, où règne cette hypothèse d'anticipation rationnelle, de l'hypothèse que tout se passe comme si la totalité des agents économiques anticipaient au mieux l'avenir compte tenu des informations dont ils disposent. Ce qui fait qu'il n'y a plus d'avenir possible. Cette hypothèse est admise comme allant de soi dans la quasi-totalité des modèles utilisés dans toutes les institutions internationales qui construisent des modèles économiques (les banques centrales, la Banque mondiale, le Fonds monétaire international, etc.). Et elle est un *vade mecum* indispensable de toute recherche en économie qui veut avoir quelque chance de publication dans une revue réputée. La conséquence de cette hypothèse est que cet espace irreprésenté que tu viens de décrire, et cette attente d'un à-venir dont je ne suis pas le propriétaire, disparaissent. Au contraire, on maintient la fiction selon laquelle l'agent économique possède déjà la totalité de l'avenir, puisqu'il peut l'anticiper parfaitement (à la réalisation de quelques « bruits » probabilistes près dont, d'ailleurs, il connaît la distribution statistique). En cela, l'économie néoclassique exprime son refus de s'ouvrir à toute expérience humaine : elle dit son inhumanité même au moment où elle maintient cette hypothèse que certains considèrent comme fondatrice. L'obstination à maintenir cette hypothèse extravagante est étonnante : pourquoi s'acharner à maintenir l'économie dans cet état d'indigence intellectuelle digne des médecins de Molière avec une hypothèse aussi dénuée de sens ? À mon sens, c'est qu'elle est indispensable à la légitimation de cette opération qui consiste à capitaliser : pour cela, j'ai besoin d'anticiper parfaitement les revenus futurs du capital. Autrement dit, les anticipations rationnelles sont le reflet épistémique de la structuration impensée (aux yeux de la plupart d'entre nous) de nos sociétés par le « capitalisme ». Pour l'anecdote, j'ai assisté une fois

– c'était comique – à la soutenance d'un travail de mémoire par l'un de mes étudiants dans une école d'ingénieurs parisienne. Un membre du jury lui dit : « Monsieur, dans le modèle macroéconomique que vous avez construit, vous n'avez pas fait l'hypothèse d'anticipations rationnelles, comment est-ce possible ? ». Mon étudiant lui répond : « Mais vous savez Monsieur, je n'étais pas tout à fait certain, avec mon maître de stage, Monsieur Gaël Giraud, que cette hypothèse soit tout à fait pertinente. » J'étais assis à une ou deux rangées de chaises derrière lui. L'étudiant s'enhardit et essaie de dire de manière diplomatique qu'il pense que cette hypothèse d'anticipations rationnelles relève du délire éveillé. Le professeur d'économie en face de lui affiche une mine défaite et tente d'être pédagogue : « Jeune homme, vous savez, moi je suis un papa depuis quatre mois. Et je suis un père *responsable* [on retrouve là le moralisme impensé des économistes]. Donc j'ai des anticipations rationnelles pour mon enfant et j'anticipe d'ici 2025 le prix du baril de pétrole. » Dans un monde bien fait, cet homme-là aurait dû être immédiatement maîtrisé et emmené par des hommes en blanc dans une clinique pour y être soigné ! Mais ces extravagances s'imposent pour l'instant avec les arguments d'autorité qu'on a déconstruits dans cet ouvrage et dit quelque chose du refus de la part de l'économie néoclassique (comme outil de légitimation du « capitalisme ») d'entrer dans toute expérience humaine, dans laquelle, comme on vient de le dire, il y va nécessairement d'un consentement à un avenir dont nous ne sommes pas maîtres.

FS – C'est l'idée selon laquelle je ne maîtrise pas tous les aléas.

GG – Comme tu l'as dit, cela a à voir avec un fantasme d'immortalité. Ce point me semble tout à fait essentiel. Il renvoie aux délires contemporains autour de l'intelligence artificielle et de la grande bifurcation, du transhumanisme ou d'un surhumanisme immortel. Je crois que le soubassement philosophique et intellectuel de ce mouvement rejoint ce que l'on disait sur l'acte de foi élémentaire dans la fécondité de l'entre-nous. En effet, je refuse de consentir à cette expérience que ma propre mort puisse, paradoxalement, être féconde, une semaille mystérieuse, qui donnera du fruit on ne sait comment. Dans la mesure où je ne peux pas réitérer mes expériences de vie à l'infini puisque je suis mortel – ça va s'arrêter un jour même si je ne sais pas quand –, chaque instant que je vis aujourd'hui revêt un poids d'éternité infinie sur lequel je peux construire quelque chose. Croire que cette mort qui est la « mienne » (en un sens d'ailleurs vraiment non propriétaire) est autre chose qu'un ultime accident, une faiblesse de trop, une maladie dont on ne guérit pas, mais est bien une promesse, une expérience paradoxale dans laquelle une partie de notre épistémè refuse complètement d'entrer.

FS – Et je crois que d'autres cultures peuvent nous apprendre beaucoup à ce sujet, parce qu'elles ont des imaginaires de la mort blanche, de la mort heureuse, que nous n'avons plus en Europe.

GG – Nous avons évacué la mort hors de nos villes parce que nous ne voulions pas en entendre parler. Si elle se manifeste, c'est à l'aide d'euphémismes et de voiles stylistiques et rhétoriques qui nous dissimulent le mystère. Songeons aussi à ces espaces – les hôpitaux, les maisons de retraite, etc. – où la mort est comme stérilisée et dépouillée à la fois de son visage certes, le plus douloureux et le plus tragique, mais aussi, du même coup, des symboles qui permettent d'en manifester le mystère. Pour avoir été aide-soignant dans un service de gériatrie long séjour, je peux dire que l'on vit très fortement la vie inouïe qui se donne, là, sur des lits de douleur, et à la fois la relégation dont ce type d'institution fait l'objet dans nos sociétés.

18
LA VALEUR DU TEMPS

FS – Rappelons-nous aussi que nous avons des possibilités technologiques qui nous semblent infinies, mais qu'on ne peut pas en faire un usage illimité. Les possibilités expérientielles dont je dispose sont limitées. Le temps dont je dispose, l'énergie, la quantité d'informations sont limitées. Je suis limité par mes possibilités d'usage et d'expérience. Par conséquent, c'est à cet endroit que le travail sur la satiété, sur la sobriété heureuse ou sur la frugalité, est important, sans quoi on se perd dans la quête d'une multiplicité d'expériences qui demeureront inaccomplies, qui ne sont pas fondamentales dans nos existences et qui génèrent toujours plus d'anxiété. C'est le passage du besoin au désir. Le besoin se pose toujours à nouveau, et même satisfait, il revient. Comment le transforme-t-on en désir ? Entre le besoin et sa satisfaction, comment intercale-t-on la médiation du temps et du sens, et comment investit-on le temps d'attente de sa satisfaction d'une signification ? On ne se jette pas sur un repas, on l'attend, on le désire. Il y a un temps de préparation. On le partage dans une fraternité. Tout ce qui fait que c'est un désir, c'est cette médiation que je mets entre mon besoin de nourriture et son accomplissement, qui n'est pas immédiat. Son sens est aussi dans le soin et le temps pris pour le préparer, l'amitié, le soin et la fraternité que tout cela dit. C'est ce à quoi s'oppose l'hypermodernité avec sa conception de l'homme-instant, des milliards de sites internet, son urgence de tout faire tout de suite et de tout accomplir. Qu'est-ce que la finance, au fond ? C'est le taux d'escompte intersubjectif. C'est la valeur que j'accorde au futur par rapport au présent. C'est ce qui mène à un présentisme qui ne sait pas habiter le présent de manière pleine. Nous avons des présents inhabités, qui ne savent plus nous faire vivre cette expérience de l'éternité dans l'expérience singulière du moment qui ne reviendra pas, moment qui doit donc être chargé de plénitude, et qui, quand il est plein, n'est plus atteint par la dégénérescence. Rien ne peut l'atteindre, et dans sa complétude, il est son propre accomplissement. Il ne se place plus sur le billot du temps. Il n'est plus évalué par celui qui le vit, et la vie non plus, car elle est une expérience entre des lieux inconnus, où chaque moment peut être vécu dans sa plénitude. Une fois que le moment présent est vécu dans sa plénitude, il devient éternel. Ce moment est donc comme une tranche d'éternité dans le temps, dans le temps humain, dans le temps chronologique. Une relecture de la mort se fait là qui n'est pas la fin de la jouissance, qui n'est pas l'arrêt, qui est justement la dissolution et le passage à un autre ordre et qui, par rétroaction, confère une grande valeur à ce temps. Et toute une réflexion sur la valeur du temps se réalise alors, sur la valeur que nous accordons au temps, en référence à son intensité et à sa durée.

GG – Sans qu'elle soit un effondrement puisque, comme tu l'expliquais, dans la composition des communs, je suis aussi en relation, de manière énigmatique, avec mes ancêtres et avec ceux qui ne sont pas encore nés. On pourrait donc dire que se produit une communion ou, pour reprendre le vocabulaire de la tradition chrétienne, une communion des saints. Une communion tout à fait mystérieuse qui me met en relation par-delà ma propre mort avec ceux qui ne sont pas encore nés et qui habiteront la *Pachamama* que je vais leur transmettre avec d'autres. Si, du moins, la crise écologique que nous alimentons leur laisse encore un espace de vie...

FS – Absolument ! Dans les sociétés africaines, les ancêtres sont présents. Ils ont des autels. On les consulte. Ils font même partie intégrante de l'économie parce que dans toutes les libations que l'on fait, dans les ressources que l'on alloue, on en prélève un peu à leur intention. Ils sont donc compris dans une relation qui a aussi une dimension matérielle. Ce n'est pas simplement un concept abstrait.

GG – En Guinée, du moins ce qu'on m'avait raconté dans la forêt guinéenne du côté de N'Zérékoré, l'un des épicentres de la crise Ebola de 2014, lorsque le grand-père meurt, on l'enterre au milieu de la case, on place avec lui un fusil qui part de sa bouche et dont la pointe sort hors de terre. À chaque fois qu'a lieu une réjouissance, une fête, et qu'on boit ensemble de l'alcool, on verse une rasade dans le canon du fusil : c'est la libation qu'on donne à l'ancêtre qui est avec nous, avec qui on est relié. Sur ce terrain, d'ailleurs, les traditions confucéennes vont sans doute dans le même sens.

J'aimerais revenir aussi sur le rapport au temps que tu évoquais. Tu as dit plusieurs fois qu'il était urgent de rouvrir un avenir-qui-vient dont nous ne sommes pas les propriétaires. On pourrait élaborer une classification topologique des représentations du temps, où il y aurait tous les mythes de l'Âge d'or relevant du cercle ou de la sphère. Dans cette conception, transmise et utilisée par de nombreuses traditions mythologiques et spirituelles, un temps a été qualifié de « plein » dans le passé, puis un accident, une chute, une dégénérescence, quelque chose de l'ordre d'un péché originel. Tout ce dont il s'agit maintenant, c'est de « boucler » l'histoire et de revenir à un temps antérieur. À l'opposé, il y aurait la vision que nous essayons de décrire dans cet ouvrage, non pas linéaire au sens du progrès mythique des Lumières, mais une vision qui est ouverte sur un à-venir. On retrouve cela par exemple chez Irénée de Lyon, un Père de l'Église du IIe siècle, avec son idée d'un temps qui nous permet de nous préparer à l'incorruptibilité – c'est son terme, mais on pourrait parler aussi bien de sainteté. C'est le lieu du *djihad* intérieur vers lequel je travaille pour ouvrir à cet avenir. Et puis, il y a une autre famille de représentations du temps, qui sont également circulaires, mais où la grande bifurcation qui permettra d'amorcer la « boucle » est à situer dans le futur : ce sont les mythes de la singularité, de l'intelligence artificielle, du transhumanisme. Un jour, les robots vont prendre le pouvoir et il n'y aura plus d'histoire… C'est le mythe sur lequel est construite également l'économie néoclassique, parce que cette histoire d'anticipation rationnelle dont on parlait tout à l'heure a en partie pour origine une idée qui remonte à Milton Friedman même s'il est vrai que les agents économiques n'ont pas tous des anticipations rationnelles, reconnaît ce dernier dans un moment de lucidité triste. Les gens peuvent se tromper ; la crise de 2008 en est un exemple fameux. Pas seulement parce que très peu d'économistes l'avaient vue venir, mais surtout parce que des *hedge funds* ont pris des positions exactement opposées à certaines banques : chacun avait une vision diamétralement opposée de l'avenir. D'ailleurs, cette guerre entre *hedge funds* et *shadow banking* d'un côté, banques et assurances de l'autre, continue : le Brexit est une victoire des premiers sur les seconds. Or, la thèse de Friedman est que le marché va éliminer ceux qui se trompent parce que, tôt ou tard, ils seront ruinés et donc exclus. Ne vont rester que ceux qui auront des anticipations rationnelles. Il viendra un jour, le jour de la grande singularité marchande, où ne survivront que ceux d'entre nous qui anticipent l'avenir de manière « rationnelle », c'est-à-dire de la meilleure manière possible compte tenu de toute l'information disponible. Ce darwinisme financier sert de justification à l'attente de cette grande bifurcation eschatologique qui a la même structure que la singularité de l'intelligence artificielle. Au-delà de ce jour-là, il n'y aura plus d'histoire : les humains anticiperont parfaitement l'avenir. Nous serons parvenus enfin dans un temps sans histoire. Cette mythologie futuriste sert à justifier l'inscription de la capitalisation dans un nombre extraordinaire de pans de nos existences.

FS – D'où l'absolue nécessité de repenser les cadres philosophiques dans lesquels on conçoit nos ordres économiques, notre vision du monde, ainsi que la manière dont on les oriente, pour justement révéler le fait que ces visions du monde sont assujetties et sont adossées à des visions du temps et de son orientation : un temps cyclique, un temps orienté ou non. La manière dont on investit ces temporalités se retrouve dans des ordres de savoirs, dans des visions futuristes, dans la finance, dans l'assurance, dans le droit prospectif ou dans la physique. Cela nous ramène donc aussi à ce que Castoriadis nous dit de l'institution imaginaire des sociétés, lorsqu'il explique qu'elles s'instituent là-bas, dans le lieu des imaginaires et que ces catégories que l'on prend à la légère sont incontournables dans l'espace des représentations qu'elles dessinent et dans lesquelles elles nous enferment[1]. On arrive ici à l'idée d'une prophétie autoréalisatrice. Si l'on pense par anticipation rationnelle, on agit nécessairement aussi par anticipation rationnelle.

---

1. Cornelius Castoriadis, *L'Institution imaginaire de la société*, éd. Seuil, 1975.

GG – Et donc on tue toute possibilité de fécondité entre nous.

FS – Au bout du processus, on a des individus asséchés devenus inadaptés à ces possibilités de fécondité. D'ailleurs, quand ces possibilités arrivent, ils ne les saisissent pas. Ils ne les voient même pas. Ils ne sont plus disponibles à cela. Restaurer notre disponibilité à un éventail de pluralité de possibles est donc peut-être un chantier à entreprendre. Parfois des possibles se font jour, mais nous n'y sommes pas disponibles. Nous ne les accueillons pas. Le rendez-vous ne se fait pas. Ce n'est pas juste ce qui advient, ou ce qui est à venir, qui arrive vers nous. C'est aussi que ceux qui viennent vers nous nous trouvent là, disponibles.

GG – Tu citais Castoriadis, or, dans son débat avec Ricœur[1], il défend un point de vue proche du nôtre : il existe une imagination instauratrice, créatrice de neuf, de radicalement inédit. Et je crois profondément que ce que nous avons dit sur la fécondité de l'entre-nous entre en

1. Cornelius Castoriadis et Paul Ricœur, *Dialogue sur l'histoire et l'imaginaire social*, éd. de l'EHESS, 2016.

résonnance avec cette idée d'imagination instauratrice. Ricœur lui répond : « peut-être mais, en même temps, nous ne faisons jamais que bricoler avec du passé ». Ce que nous disions sur l'universalisme itératif et la possibilité d'aller puiser dans les traditions antérieures des sources d'inspiration, à condition de les réinterpréter à nos risques et périls, esquisse un juste chemin entre Castoriadis et Ricœur. Au sens où l'expérience d'un crédit élémentaire à la fécondité mystérieuse de l'entre-nous dit la possibilité de création d'un sens neuf, inouï, qu'il impossible de s'approprier *ex-ante* – ce serait peut-être la position d'un Michel de Certeau. Mais dans le même temps, nous faisons sans cesse cette expérience en réinterprétant les traditions dont nous sommes issus – je pense à notre discussion sur l'islam et le christianisme. Pour qu'il reste vivant, cet héritage doit être soumis en permanence à délibération, dans un immense discernement collectif…

FS – De toute manière, on peut considérer que la Tradition est une matrice itérative. Paul Gilroy dans *L'Atlantique noir*[1] disait que c'est un même

1. Paul Gilroy, *L'Atlantique noir. Modernité et double conscience*, éd. Amsterdam, 2017.

changeant qui cherche un état d'autoréalisation qu'il n'atteint jamais. Cela a pour conséquence que cette matrice est sujette à recomposition, à alchimie, à revisitation. Et si on la considère ainsi, on l'extrait de la vision traditionaliste du figé, du temps qu'il n'appelle plus. Et on se réapproprie l'idée que c'est un espace de travail avec un matériau vivant. Du fait que ce matériau est vivant, il est réutilisable, malléable, et il peut se régénérer. Donc, on sort de cette deuxième loi de la thermodynamique. On sort du temps comme espace entropique, comme lieu de la dégénérescence et de la corruptibilité. La tradition est donc une grande matrice à l'intérieur de laquelle le travail est toujours en court.

GG – Ce travail-là, n'est-ce pas ce que nous venons de faire ici ?

FS – Eh bien oui !

19
PENSER L'APRÈS-COVID

FS – La pandémie du Covid-19 que nous vivons a mis à nu les fragilités de l'économie-monde. Tout ce que nous relevions dans notre discussion, qui a eu lieu avant la pandémie, a trouvé ici une validation empirique. Beaucoup de choses ont été dites suite à cette crise : relocaliser la production, travailler à des circuits courts, repenser les chaînes de valeurs... Quelles sont pour toi les conditions de changement en profondeur de nos modes de production et de notre rapport à l'économique ?

GG – Certes, beaucoup a déjà été dit : la vulnérabilité de nos sociétés à l'égard de chaînes de valeur internationales à flux tendu ; l'abandon du service public (hospitalier en particulier) par le postlibéralisme contemporain occupé à privatiser toute la sphère sociale ; la nécessité impérative de dépister de manière rigoureuse et systématique, seul moyen d'éviter cette « solution » médiévale qu'est le confinement, qui tue sûrement autant qu'il ne sauve de vies… Grâce à une politique de dépistage très rodée et mise en place très tôt, la Corée du Sud, Taïwan, Singapour, le Vietnam, la Thaïlande sont parvenus à éviter le premier confinement strict que nous nous sommes infligés en France au printemps 2020. Depuis l'introduction des vaccins, la vigilance dans le traçage du virus s'est malheureusement relâchée et plusieurs de ces pays sont maintenant obligés de recourir au confinement. Nous aurions pu le faire, en France, en 2007 – date de la création de l'Établissement de prévoyance et de réponse aux urgences sanitaires (EPRUS) mis en place par le sénateur Giraud (un homonyme). Mais entre-temps, nous avons vidé le budget de l'EPRUS, de sorte que l'administration publique s'est retrouvée incapable de coordonner une réponse sanitaire à la hauteur des différentes vagues (*toutes* prévisibles) de pandémie ; nous avons brûlé nos stocks de masques au motif que des stocks dormants ne rapportent rien ; nous avons vendu aux États-Unis le dernier laboratoire dont nous disposions pour fabriquer les enzymes nécessaires aux tests de dépistage. Nous avons, en France, des chiens renifleurs qui détectent le virus en quelques secondes avec une fiabilité égale à celle des tests PCR et nous savons bonheur et de nous emmurer faute de réussir à dépister efficacement.

Quant au vaccin, l'Institut Pasteur a bien tenté de se lancer dans la course à sa fabrication, mais vingt ans de réduction des budgets et d'abandon de la recherche publique en France ont eu raison de nos chercheurs qui, quoique très bons, ont dû jeter l'éponge, bien que l'entreprise Sanofi tente encore de participer à la course. D'où la lenteur avec laquelle les Français sont vaccinés : la France doit acheter ses vaccins et faire la queue comme beaucoup d'autres pays. Au rythme actuel, il faudra plusieurs siècles pour vacciner l'essentiel de la population ! Mais ce n'est guère plus brillant au Sénégal, à ceci près que ton pays se trouve moins exposé à la virulence létale du virus, me semble-t-il.

FS – Je ne dirais pas cela, non. La première vague du virus fut bien maîtrisée avec peu de cas, peu de morts, beaucoup de centre de traitements, des innovations technologiques et une bonne prise en charge médicale. Les autorités sénégalaises ont vite réagi en fermant les aéroports, les écoles, les universités, les lieux de cultes. Le pays a aussi une expérience de gestion des maladies infectieuses dans le corps médical et de grandes capacités endogènes dans le corps social à faire face aux crises. C'est la seconde vague qui est inquiétante avec un niveau d'infection et un taux de létalité en hausse. Sans doute grisés par la bonne gestion de la première vague, nous nous sommes relâchés. Nous sommes cependant très loin des statistiques européennes. L'Afrique représente moins de 4 % des cas de Covid du monde, n'en déplaise aux cassandres qui nous avaient promis une hécatombe à coup sûr.

GG – Peut-être la pandémie est-elle en passe de devenir saisonnière ? Pour ma part, j'ai été contaminé deux fois, l'une au printemps 2020, l'autre, en janvier 2021. Ce ne serait pas très surprenant compte tenu du fait que le virus dispose aujourd'hui de plus de 7 milliards d'individus pour se dupliquer et donc, à chaque duplication, connaître une possible, petite mutation aléatoire de son code ARN qui en fait un variant contre lequel, éventuellement, les anticorps développés contre la précédente version ne sont plus opérants. Le seul moyen d'éradiquer ce virus est une coordination internationale sans faille où, *partout et dans tous les pays,* on vaccine de manière systématique et on poursuit le dépistage de manière tout aussi rigoureuse (au contraire de ce qui se passe en France, où il reste largement improvisé et arbitraire). Indépendamment de toute question d'altruisme, il est dans l'intérêt bien compris de toutes les Nations de coopérer loyalement. C'est ce qui a permis d'éradiquer la variole dans les années 1970. Je ne suis pas convaincu que la Chine l'ait compris puisqu'elle continue de truquer ses chiffres sur le nombre de victimes, de contaminés…

FS – Le vaccin illustre bien le fait que la coopération domine souvent la concurrence si on pense à l'optimum social, contrairement à ce qu'affirme l'économie néolibérale, et si ici la société est le monde. En Jordanie, ils ont décidé de vacciner leurs refugiés car ils ont compris que cela ne servait pas à grand-chose de vacciner les jordaniens et sans vacciner également les refugiés qui vivent avec eux et qui constituent une proportion importante de la population. Sauf si l'on envisage un *apartheid* géant et une bantoustisation d'un monde dans lequel ceux qui seront vaccinés circuleront et les autres seront rendus immobiles. Il n'y a pas d'efficacité à vacciner ceux du Nord et à laisser ceux du Sud. Le vaccin doit être un commun dont l'accès équitable doit être garanti à tous.

GG – Si l'on y réfléchit un instant, on voit que la racine du problème révélé par cette pandémie, tout comme par la très grande difficulté de la plupart des gouvernements occidentaux à y faire face, provient de ce que j'ai essayé tout à l'heure de caractériser comme le « capitalisme », à savoir la capitalisation du monde. Si tu crois que la « nature » est un capital qu'il faut faire fructifier, alors tu ne verras pas de raison de ne pas poursuivre plus avant la déforestation qui, non seulement nous prive des principaux poumons de la planète qui ralentissent le réchauffement, mais encore nous met au contact d'animaux (les chauve-souris par exemple) porteurs de virologies inconnues de nos systèmes immunitaires. D'où l'apparition du VIH, d'Ebola et maintenant, des coronavirus... Si tu penses que le bétail est un capital, alors pourquoi ne pas l'élever de manière industrielle pour augmenter le flux de revenus, dont la somme actualisée signifiera, croit-on, la valeur actuelle de ce « capital » ? Au risque de provoquer des zoonoses comparables à la pandémie du Covid-19… Si la planète tout entière a vocation à être exploitée comme du capital, alors que t'importe la fonte du pergélisol qui, non seulement risque de libérer du méthane susceptible de faire s'envoler l'augmentation de température moyenne bien au-delà de +5°C au XXIIe siècle, mais qui, encore, peut libérer de vieilles pandémies : l'anthrax, la grippe espagnole de 1918 ? Et je pourrais multiplier les exemples…

De la même manière, après avoir brûlé des masques, vidé l'EPRUS, corseté l'hôpital public, les autorités publiques françaises ont même laissé se réduire le nombre de lits de réanimation disponibles en Île-de-France de 2 500 en avril 2020 à 1 700 lits en janvier 2021. Le monde à l'envers ! Par-delà le cynisme éventuel de quelques-uns, tout cela fait système : la santé humaine n'est pas considérée comme un « capital » lucratif, donc pourquoi investir en elle ?

Si l'on veut sortir de ce cauchemar, il faut réfléchir à désamorcer ces pratiques de capitalisation présentes parmi nous depuis six siècles, mais qui n'ont colonisé nos existences que depuis moins d'un demi-siècle. Il est encore temps de défaire cela. Comment ? Par exemple, en revenant sur la funeste réforme des normes comptables internationales qui, en 2005, a troqué la comptabilisation d'un « actif » en fonction de la valeur actualisée de ses rendements futurs contre la bonne vieille comptabilisation au coût historique d'acquisition qui se pratiquait depuis le XIXe siècle. Avec la comptabilité d'entreprise, on est très loin, bien sûr, des lits de réanimation, des respirateurs et des vaccins. Mais, contrairement aux apparences, nous restons au cœur du sujet. Car une bonne partie de l'écroulement du service sanitaire français provient de l'assimilation de l'hôpital à un centre de profit. Et tant que nous ne changerons pas la manière dont nous valorisons une « entreprise » (*a fortiori* un hôpital), nous n'arriverons pas à imposer que l'État puisse lever des impôts sur les plus fortunés en vue de financer des lits de réanimation pour les plus modestes. Même si cela ne rapporte pas de revenus futurs quantifiables dont qui que ce soit pourrait faire valoir qu'ils lui appartiennent.

FS – La crise du Covid-19 a mis en exergue plusieurs failles du système économique néolibéral. Celles-ci sont apparues plus distinctement à la faveur de l'arrêt, pendant quelques mois, de la production industrielle mondiale. Il est apparu que l'organisation, la conception et les modalités du travail de notre système économique actuel induisent une précarisation généralisée des emplois dans la plupart des secteurs de la vie économique, et pas seulement de ceux relevant de l'économie dite informelle, dont la volatilité des revenus et l'absence de filets sociaux ont été rendues plus manifestes par la crise actuelle. Aussi bien dans l'aéronautique, la production de biens et services, que pour les secteurs du tourisme, de la culture, de la restauration, c'est une économie structurée autour d'une temporalité de court terme où la vie économique est financée par des recettes journalières, qui s'est révélée. Une telle économie a besoin d'une accumulation quotidienne et à la petite semaine de *cash-flows* (c'est-à-dire de flux de trésorerie) pour faire face aux charges d'exploitation dues mensuellement et aux traites bancaires, surtout pour les PME. Les grandes firmes qui ont des lignes de crédit ouvertes dans les banques financent une grande partie de leur activité par l'endettement. Lorsqu'elles anticipent une baisse de l'activité dans les mois à venir, elles licencient.

Nous faisons l'expérience d'une économie qui, pour produire des biens de consommation, souvent en excès, épuise la biocapacité de la planète, surexploite ses ressources, entrave sa capacité à se régénérer et transfère des revenus futurs dans un temps présent. C'est une économie du présentisme, de la démesure, de la précarité généralisée et de l'étouffement. La repenser dans ses fondements structurels, ses modes de fonctionnements et ses finalités est vital.

Parmi les questions qu'elle soulève figure celle de la rémunération du travail et de sa valeur. Les infirmières, les médecins, les caissières de supermarchés, les conducteurs d'autobus, tous les emplois liés aux soins ont montré durant cette crise leur caractère essentiel pour la vie de nos sociétés, alors que ce sont les métiers les moins bien rémunérés par le système économique actuel, qui surpaye le capital, les intermédiaires, les *bullshits* jobs, les emplois des marchés captifs et sous-payent ceux qui contribuent à nourrir, à pérenniser et à soigner la vie. Une réévaluation de la valeur marchande du travail et de sa rémunération pourrait être fondée sur sa contribution au maintien de la vie, à la préservation d'un environnement sain, à l'intelligence collective, à la production de savoirs et à la culture de l'esprit.

L'économie-monde est productrice d'inégalités entre les nations et à l'intérieur de celles-ci. Ces fractures sont apparues à plusieurs niveaux, dans la faculté inégalitairement distribuée de disposer d'une épargne ou d'actifs qui permettent de traverser des moments difficiles, dans la possibilité d'accéder à des soins de qualité, mais également dans la différence de vulnérabilité des groupes humains selon l'historique des fragilités déjà constituées, notamment les comorbidités issues des conditions de vie difficiles. Ces inégalités sont liées au système de production de la valeur ajoutée de l'économie-monde et à ses modes de redistribution, aux règles du commerce international et à la division internationale du travail. Le système économique mondial est structurellement construit pour produire de l'inégalité et accélère l'entropie du vivant. Il faudra désarticuler cette architecture, refonder les institutions qui la sous-tendent, repenser leurs missions (OMC, Institutions Multilatérales, etc.) et inventer de nouveaux processus de régulation des relations macro et microéconomiques ; déconcentrer les pouvoirs et défaire les monopoles.

En réalité, nous sommes dans des économies de la mal-croissance, fondées sur un faux système comptable qui omet de comptabiliser ses vrais coûts et nomme inadéquatement ses actifs et ses passifs. Le prix de nos produits devrait intégrer leur coût environnemental et refléter leur contenu en carbone. Ce que nous appelons croissance économique fait décroître le vivant et favorise l'entropie. Nous surpayons une production d'objets dont beaucoup sont superflus et futiles et ne servent qu'à entretenir des industries à un coût exorbitant pour la planète.

Une économie du vivant serait fondée sur une réévaluation de l'utilité de tous les secteurs de la vie économique au regard de leur contribution à la santé, au soin, au bien-être, à la préservation du vivant et à la pérennisation de la vie, à la cohésion sociale. C'est ce qu'Isabelle Delanoy appelle une économie symbiotique, c'est-à-dire une économie dont le métabolisme n'affecte pas négativement les ordres sociaux, environnementaux et relationnels. Il ne s'agit pas ici de prôner une limitation de la vie économique à la satisfaction des besoins biologiques fondamentaux (se nourrir, se soigner, se vêtir), les besoins de l'esprit et de la culture sont aussi essentiels à nos sociétés, mais de se poser la question de l'utilité et de la nécessité des biens produits, de leur mode de production et de leurs impacts sociaux et environnementaux. On ne pourra plus se payer le luxe de ne pas interroger la finalité de la vie économique ainsi que ses modes de production ; ni d'oublier de l'inscrire dans une cosmopolitique du vivant.[1]

1. Cette dernière réponse est tirée, avec l'accord de Felwine Sarr, d'un article publié sur le site de France Culture.

Table

Composition : In folio

Achevé d'imprimer en octobre 2021
par Normandie Roto Impression s.a.s. à Lonrai
Dépôt légal : mai 2021
N° impr : 2105174
Imprimé en France